A
NUDEL

Spaghetti, Tortellini & Co.

Herausgegeben von
Isabella Diatta

DASSERMANN

Inhalt

Vorwort ... 5

Einführung

Kleine Nudelgeschichte ... 6
Nudelsorten ... 8
Nudelteig ... 10
Kräuter und Gewürze ... 16
Gemüse ... 18
Käse ... 20
Grundzutaten für Nudelsaucen ... 22
Saucenrezepte ... 24

Rezeptteil

Nudelsuppen und -eintöpfe ... 26
Spaghetti, Tagliatelle & Co. ... 36
Lasagne und Nudelaufläufe ... 72
Nudeln mit Fisch ... 96
Nudeln mit Fleisch ... 122
Nudelsalate ... 140
Asiatische Nudelgerichte ... 160
Vollkornnudelgerichte ... 174
Süße Nudelgerichte ... 182

Rezeptverzeichnis ... 190

Abkürzungserklärungen:

EL = Eßlöffel
TL = Teelöffel
cl = Zentiliter
ml = Milliliter
g = Gramm
kg = Kilogramm
Msp. = Messerspitze
ca. = cirka
TK- = Tiefkühl...
F.i.Tr. = Fett in der Trockenmasse
°C = Grad Celsius
Min. = Minute(n)
Std. = Stunde(n)

Vorwort

Das Essen und alles, was dazugehört, hat in Italien einen ganz anderen Stellenwert als beispielsweise bei uns. Wer an seinen letzten Italienaufenthalt denkt, hat nicht nur das bunte und ausgelassene Treiben auf Straßen und Plätzen inmitten altehrwürdiger Gemäuer vor Augen, sondern sicherlich erinnert er sich auch an so manche Gaumenfreuden, die er in kleinen „Ristorante“ und „Trattorie“ genossen hat. Die Liebe in und zu diesem Land geht nämlich sprichwörtlich durch den Magen. Und dabei spielt die „Pasta“, wie die Italiener ihre Nudelgerichte nennen, eine geradezu herausragende Rolle. Pasta wird in Italien täglich, häufig sogar zweimal, mittags und abends, serviert, vielleicht mit ein Grund für tausenderlei Rezepte, die es mit und um die Nudel herum gibt. Wer von Region zu Region reist, ist immer wieder über die Vielfalt der Variationen und Geschmacksnuancen überrascht.

Die Italiener sind nachweislich nicht die Erfinder dieser Köstlichkeiten aus Weizenmehl, Eiern und Wasser in allen Formen und Farben, aber sie sind ihre eifrigsten Konsumenten, und sie sind diejenigen, die für eine weltweite Verbreitung sorgten. Die Scharen, die vor allem aus den südlichen Landesteilen in der zweiten Hälfte des vorigen Jahrhunderts nach Amerika auswanderten, brachten ihre traditionellen Pastarezepte mit und verbreiteten so die italienische Kochkunst auch in der Neuen Welt. In unseren Breiten traten Spaghetti & Co. ihren Siegeszug mit Beginn der Gastarbeiterzeit in den Fünfzigern unseres Jahrhunderts an. Mittlerweile findet man italienische Restaurants und Pizzerias selbst in kleineren Städten und auf dem flachen Land.

Knapp 6 Kilogramm Teigwaren konsumiert jeder Bundesbürger pro Jahr. Im europäischen Vergleich ist das zwar nur guter Durchschnitt, doch die Tendenz weist nach oben. Dabei rücken Nudeln zunehmend vom Rand in die Mitte des Tellers. Sie sind nicht mehr nur Beilage, sondern schlichtweg neben Pizza das beliebteste Hauptgericht der Deutschen. Köchinnen und Köche, die heutzutage nicht wenigstens ein besonderes Nudelgericht beherrschen, sind einfach undenkbar. Selbst hartgesottene Junggesellen, die sich zumeist aus Dosen ernähren, bringen „Spaghetti mit Tomatensauce“ zustande. Nudelgerichte, egal ob mit Gemüse, Fleisch oder Fisch, ob pikant oder süß, befinden sich also ohne Zweifel auf dem Vormarsch. Dabei sind der eigenen Phantasie bei der Zubereitung keinerlei Grenzen gesetzt; mit den verschiedensten Zutaten lassen sich immer wieder neue Rezeptvariationen kombinieren.

Und wie steht es mit dem Vorurteil, daß Nudeln dick machen? Die Mär von der „nudeldicken Dirn“ entspricht keineswegs der Wahrheit, wie Sie selbst leicht feststellen können, wenn Sie sich auf Italiens Straßen umsehen. Eine normale Portion Nudeln plus Tomatensauce und geriebenem Käse enthält etwa 450 Kalorien. Damit zählt ein Nudelgericht zu den leichteren Mahlzeiten, denn Nudeln selbst liegen nie schwer im Magen, höchstens die reichhaltige Sauce. Mit Nudeln kann man also durchaus spaghettidünn bleiben oder werden.

Bei der Rezeptauswahl für dieses Buch habe ich mich weniger an der jeweiligen Anzahl der Kalorien und dafür mehr am delikaten Geschmack der Nudelgerichte orientiert. Die nun vorliegende Zusammenstellung

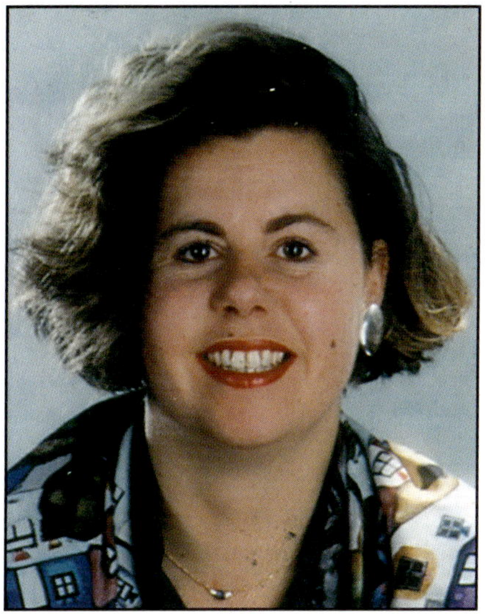

ist wohlüberlegt; sie berücksichtigt die Vielfalt der Kombinationsmöglichkeiten, sie wird aber auch den einheimischen Vorlieben und Trends gerecht. Deswegen wurden auch deutsche und österreichische Rezepte mit aufgenommen. Asiatischen Nudelgerichten habe ich ein eigenes Kapitel gewidmet.

Nudeln lassen sich nahezu unbegrenzt kombinieren: Mit Gemüse, Fleisch, Fisch, mit scharfen und milden Gewürzen und sogar mit frischen Früchten. Sicherlich finden Sie in diesem Buch das eine oder andere „Lieblingsrezept“!

Viel Spaß und Freude beim Nudelkochen wünscht Ihnen Ihre

Kleine Nudelgeschichte

Um die ursprüngliche Herkunft der Nudel ranken sich verschiedene Legenden. Tatsache ist, daß Teigwaren zu den ältesten Grundnahrungsmitteln der Menschheit gehören. Seit dem Beginn des Getreideanbaus zermahlten die Menschen die Getreidekörner und rührten aus Getreideschrot und Wasser einen Teig an, der als Fladen an der Sonne luftgetrocknet wurde. Der Teig wurde in Streifen geschnitten und in warme Brühe eingelegt – fertig war die Nudelsuppe.

China – Ursprungsland der Nudelküche

Das älteste überlieferte Rezept stammt aus China. Es ist eine vor über 4000 Jahren geschriebene kulinarische Anleitung, die Nudeln mit Hühnerfleisch kombiniert. Damals wurden die Eiernudeln aus Weizenmehl, Eiern und Wasser hergestellt, eine Mixtur, die etwa der Zusammensetzung heutiger Eiernudeln entspricht. Auch den großen Kulturvölkern der Antike, Römern und Griechen, waren Teigwaren bekannt. Ein Grabfund in der mittelitalienischen Region Latium, wo man heute ganz vorzügliche Nudelspezialitäten essen kann, bestätigt diese Annahme. So finden sich Mehlbeutel, Nudelbrett, Teigzange, Nudelholz und Teigrädchen bereits auf zwei steinernen Pfeilern eines etruskischen Grabs aus dem 4. Jahrhundert vor Christus abgebildet. Eine andere These geht davon aus, daß die Griechen Nudelplatten unter dem Namen „laganon“ nach Süditalien brachten. Die Römer wandelten diese Bezeichnung in das lateinische

„laganum“ um und noch heute heißen Tagliatelle in machchen südlichen Regionen Italiens „laganelle“. Entgegen der landläufigen Meinung spricht also nichts dafür, daß ein

Weitgereist und sehr geschätzt

bestimmtes Volk, beispielsweise die Italiener, die Nudelweisheit mit den Löffeln „gegessen“ hat. Es ist nicht einmal sicher, wie und wann Spaghetti, Ravioli und andere Teigwaren nach Sizilien und Süditalien gekommen sind. Manche behaupten, der Weltenbummler Marco Polo habe Nudeln in seinem Reisegepäck gehabt, als er 1292 nach seiner Rückkehr aus Asien im Hafen von Genua landete. Er soll die Teigwaren am Hofe des Kublai Chan kennengelernt haben. Es wäre aber auch möglich, daß die Pasta schon früher ins Land kam, etwa aus dem Nahen Osten, wo auch heute noch Beduinen getrocknete Hartweizenspeisen essen. Doch finden sich auch schon im ersten Jahrhundert nach Christus, im Kochbuch des Römers Apicius, Pastarezepte, so zum Beispiel für eine Lasagne in scharf gewürzter Brühe. Deshalb pochen die Schwaben zu Recht darauf, daß ihre Spätzle ein Erbe aus römischer Besiedelungszeit sind.

Von Italien in die ganze Welt

Fragen über Fragen, die Geschichte der Nudel ist nur schwer zu fassen. Fest steht, daß die Menschen in den verschiedensten Gebieten der Welt schon früh auf den Nudelgeschmack gekommen sind. Daß die „pasta“, wie die Italiener ihre geliebten Nudeln nennen, lange aufbewahrt werden können, ist wahrscheinlich den Arabern zu verdanken. Sie rollten den Teig auf dünne Holzstäbchen und trockneten ihn an der Sonne. Ihren Siegeszug in die italienischen und später in die internationalen Kochtöpfe trat die „pasta secca“, die getrocknete Nudel, vom arabisch besetzten Sizilien aus an. Neapel und später Genua wurden die Zentren der Teigwarenfabrikation. In Italien blieb Pasta zunächst den Gourmets der feinen Gesellschaft vorbehalten, die diese in einer Sauce aus Honig und Zucker genoß. Erst Mitte des 18. Jahrhunderts gab die neapolitanische Straßenküche dem Volk, was des Volkes war, und so konnte Goethe auf seiner italienischen Reise notieren: „Die Macceroni ... sind von allen Sorten überall um ein Geringes zu haben.“

Nudeln in deutschen Landen

Zu Goethes Zeiten waren Teigwaren freilich längst auch in anderen europäischen Ländern populär. In Deutschland machten große Handelshäuser schon im 16. Jahrhundert mit Nudeln einträgliche Geschäfte. Hausfrauen stellten aus weißen Mehlbergen durch geduldiges Vermengen mit frischen Eiern und Wasser Teigmassen her, die unter Schwingen des Nudelholzes zu fast durchsichtigen, riesigen Fladen ausgerollt wurden. Anschließend wurden diese über Küchenstühle zum Trocknen gehängt und später – je nach Anlaß – in dicke oder dünne Streifen geschnitten.
An diesem Verfahren hat sich bis heute nichts geändert, wenn Nudeln manuell hergestellt werden. Lediglich die Teigmenge ist angesichts unserer Kleinfamilien geringer geworden.
In Italien kann man diese Prozedur bei großen Familienfesten aber heute noch beobachten. Später übernahmen die Bäcker die gewerbliche

Produktion. Seit Beginn des 19. Jahrhunderts werden Nudeln hierzulande in Manufakturen und Fabriken hergestellt und erfreuen sich immer größer werdener Beliebtheit: 55 % aller Bundesbürger essen sie mindestens einmal pro Woche, am liebsten mit viel Sauce. Nudeln in jeder Form zählen zweifelsohne zu den Lieblingsgerichten der Deutschen. Eine köstliche Palette phantasievoller Nudelvariationen bereichert unseren Speisezettel. In allen Geschmacksrichtungen, ob süß oder pikant, ob mit Gemüse oder mit Fleisch, Teigwaren zählen zu den Gaumenfreuden in unsere Küche!

Nudelsorten

Die jeweilige Nudelform beeinflußt den Geschmack. Beispielsweise nehmen Nudeln mit gedrehten Formen aufgrund ihrer vielen Rundungen mehr Sauce auf als flache Bandnudeln. Wenn Sie unsicher sind, welche Nudelsorte zu welcher Sauce paßt, halten Sie sich an folgende Grundregel: Je gehaltvoller die Sauce, desto breiter und dicker die Pasta. Im folgenden stellen wir Ihnen die bekanntesten Nudelsorten vor. Da sich das Buch stark an der italienischen Küche orientiert, finden Sie manche Nudelsorten sowohl unter der deutschen als auch unter der italienischen Handelsbezeichnung.

Agnolotti sind sternförmige Teigtaschen, die mit Fleisch, Fisch oder Gemüse gefüllt werden. Sie sind nicht als Fertigprodukt erhältlich.

Bandnudeln gibt es in verschiedenen Breiten: von schmal bis extra breit. Sie können Sie leicht selbst herstellen. Siehe auch unter Fettuccine und Tagliatelle Seite 14.

Cannelloni sind zusammengerollte Lasagneblätter, die mit Fleisch, Fisch oder Gemüse gefüllt werden können. Cannelloni können Sie selbst zubereiten oder bereits gebrauchsfertig kaufen, sie müssen nicht vorgekocht werden.

Eliche bedeuten übersetzt „Schrauben". Unter dieser Bezeichnung finden Sie in Italien Spiralnudeln. Es gibt sie auch dreifarbig in den italienischen Farben rot, weiß und grün zu kaufen.

Farfalle („Schmetterlinge") haben eine breite, flache Form, die in der Mitte ganz zusammengedrückt ist und dem Aussehen eines Schmetterlings ähnelt.

Fusilli sind spiralförmige, gedrehte Nudeln, die zu einem Nest zusammengedreht sind.

Gnocchi gibt es in zwei Arten. Einmal als breite, nach innen gewölbte Pasta, die wie ein Schälchen aussieht und einmal als längliche Klößchen, die aus Kartoffelteig hergestellt sind.

Lasagne sind flache, quadratische Teigplatten, die auch mit Spinat gefärbt sein können. Lasagne wird für Aufläufe und natürlich für das gleichnamige Gericht verwendet. Die Teigplatten können Sie selbst machen oder aber die vorgefertigten kaufen.

Makkaroni eignen sich gut für Aufläufe. Die länglichen, dicken Röhrennudeln schmecken aber auch in reichhaltigen Saucen sehr fein.

Penne gibt es glatt oder gerillt. Die kurzen, röhrenförmigen, schräg geschnittenen Nudeln passen gut zu Fleisch- oder Fischsaucen. Die glatten benötigen weniger flüssige Sauce, die gerillten vertragen reichlich Sauce.

Ravioli sind viereckige Teigtaschen aus Eiernudelteig mit versiegelten Rändern, die mit Fleisch, Käse oder Gemüse gefüllt werden. Sie können sie selbst zubereiten.

Rigatoni sind kurze, dicke, röhrenförmige Nudeln mit gerippter Oberfläche.

Röhrennudeln umfassen alle Nudelsorten, die innen hohl sind: Makkaroni, Penne, Rigatoni und Tortiglioni.

Spaghetti haben meist eine Länge von 27 cm. Die langen, dünnen Nudeln ohne Hohlraum zählen zu den Klassikern unter den Nudelsorten. Wenn Sie Spaghetti selbst herstellen wollen, benötigen Sie eine Nudelmaschine.

Spaghettini sind sehr dünne Spaghetti, die eine wesentlich kürzere Kochzeit (ca. 3 Minuten) als normale Spaghetti haben. Spaghettini schmecken besonders zu feinen Fisch- und Meeresfrüchtesaucen, da die dünnen Nudeln das zarte Aroma der Sauce optimal aufnehmen.

Spiralnudeln sind zum Beispiel Eliche. Neben Bandnudeln und Spaghetti werden Spiralnudeln auch von deutschen Teigwarenherstellern angeboten.

Tortellini werden mit Fleisch, Gemüse oder Käse gefüllt. Die runden Teigringe sind in rot, weiß und grün erhältlich.

Tortiglioni haben eine ähnliche Form wie Penne, nur daß sie in der Mitte gedreht sind. Durch ihre gerillte Oberfläche eignen sie sich für opulente Saucen besonders gut.

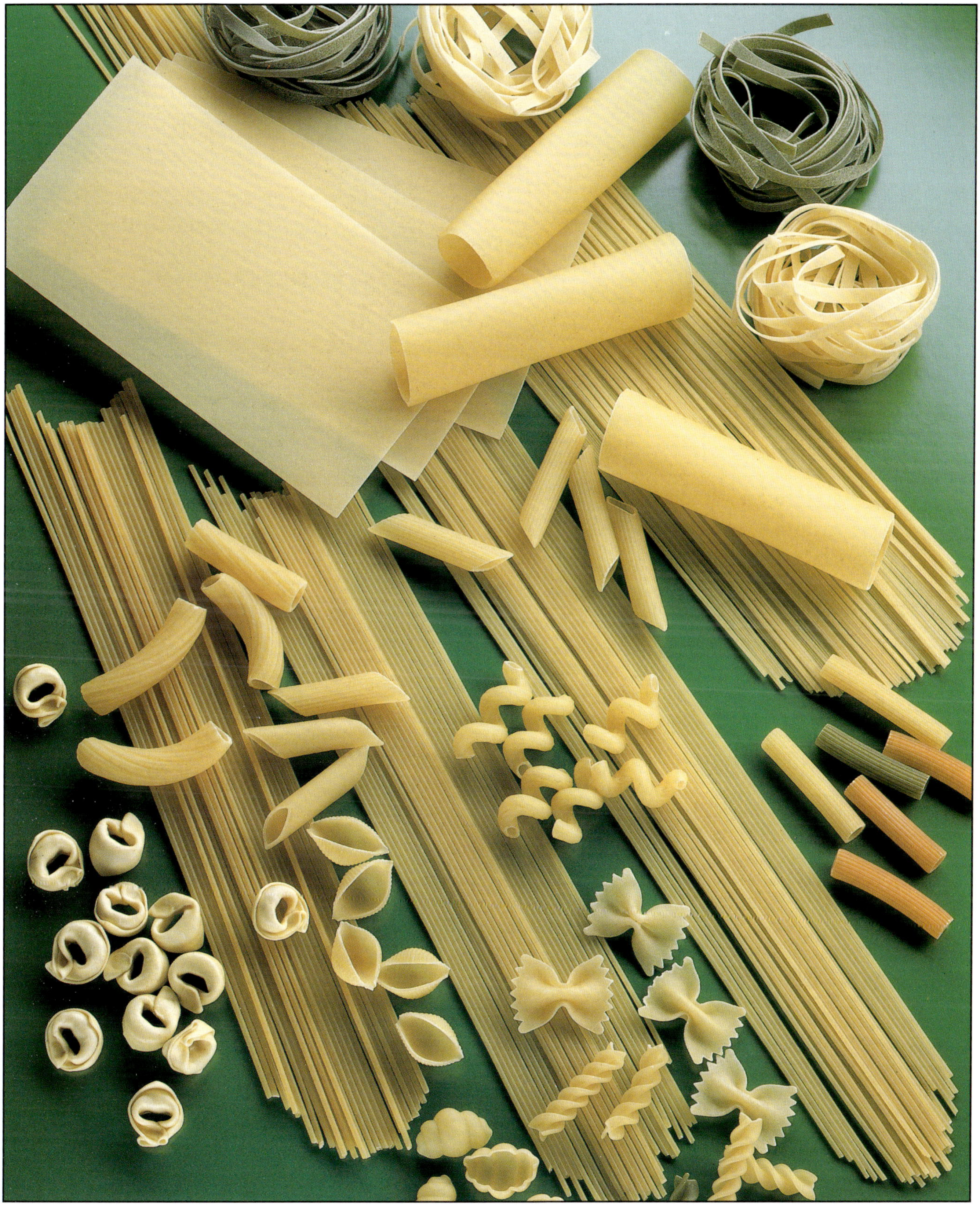

Nudelteig

Nudeln selbstgemacht

Obwohl industriell hergestellte Teigwaren in guter Qualität und in zahlreichen Formen angeboten werden, wird jeder, der einmal frische Nudeln gegessen hat, den Unterschied deutlich gemerkt haben. Selbstgemachte Nudeln können einfach nicht durch industriell hergestellte, und seien diese auch noch so exzellent im Geschmack, ersetzt werden. Die Konsistenz des frischen Produktes ist anders; die gegarte Nudel ist bißfester und dennoch zarter als die vorgefertigte. Frische Nudeln nehmen auch das Aroma der jeweiligen Sauce besser auf als das Industrieprodukt. Mit nur wenigen Saucenzutaten, etwa mit Butter und einigen Salbeiblättern, werden zum Beispiel frische, mit Fleisch gefüllte Ravioli zu einer unvergleichlichen Köstlichkeit. Es bedarf zwar einiger Arbeit, Pasta selbst zuzubereiten, doch das Resultat wird Sie für alle Mühen entlohnen!

Die richtigen Zutaten

Die Verwendung guter Zutaten spielt dabei eine wichtige Rolle. Die Eier sollten auf jeden Fall so frisch wie möglich sein und einen festen gelben Dotter haben, der dem Teig dann auch eine schönere Farbe verleiht. Bei der Wahl des Mehles sollten Sie darauf achten, daß Sie nur Weizenmehl von erstklassiger Qualität verwenden. Sie können auch Hartweizenmehl oder Hartweizengrieß zur Teigherstellung verwenden, die besten industriell hergestellten Nudeln sind zum Beispiel aus Hartweizengrieß. Wenn Sie das Mehl selbst mahlen, sollten Sie einen Teil der gröberen Bestandteile des Schrotes sorgfältig aussieben. Je nach Geschmack verwenden Sie am besten Olivenöl oder ein neutrales Pflanzenöl. Beide Ölsorten sollten kalt gepreßt und von bester Qualität sein. In den Rezepten wird immer eine genaue Menge der notwendigen Zutaten angegeben. Trotzdem kann es vorkommen, daß der Nudelteig zu klebrig oder zu trocken wird. Das kann an dem verwendeten Mehl liegen, das je nach Art und Dauer der Lagerung einen sehr unterschiedlichen Feuchtigkeitsgehalt aufweist. Der Grund kann aber auch in der Größe der Eier oder der Eigelbe liegen. Korrigieren Sie diese Schwankungen durch die Zugabe von etwas Mehl oder Wasser, bis der Teig die gewünschte Konsistenz hat.

Die Aufbewahrung

Hausgemachte Pasta hält sich, mit einem trockenen Tuch bedeckt, an einem kühlen Ort (nicht im Kühlschrank), etwa einen Monat lang. Sie können die Pasta auch einfrieren und im Tiefkühlfach aufbewahren. Frisch zubereitet schmeckt sie natürlich immer besser.

Garzeit

Selbstgefertigte Nudeln benötigen wesentlich geringere Garzeiten als gekaufte. Je nach Dicke und Trockenheit müssen Sie 5 bis 10 Minuten in reichlich sprudelndem Salzwasser gegart werden.

GRUNDREZEPT

Teigherstellung

Zubereitungszeit
ca. 20 Min.
Zeit zum Ruhen
ca. 30 Min.

Zutaten für 4–6 Personen

400 g Weizenmehl (Type 405)
4 Eier (Gewichtsklasse 2–3)
3 EL kaltgepreßtes Olivenöl
oder neutrales Pflanzenöl
Salz

Foto 1

Foto 2

Foto 3

Foto 4

So wird's gemacht

1. Das Mehl als Berg auf ein Brett oder eine andere, saubere und ganz glatte Arbeitsfläche sieben. In die Mitte eine Mulde drücken.
2. Die Eier, 1 Eßlöffel Öl und etwas Salz in die Mulde geben (Foto 1). Langsam mit den Fingerspitzen das Mehl mit den Eiern vermischen (Foto 2). Vom oberen Rand immer mehr Mehl einarbeiten und zu einem Teig kneten, dabei mit dem Handballen die Masse fest zu einem Klumpen zusammendrücken. Ab und zu mit dem Teigschaber den angeklebten Teig vom Brett oder von der Arbeitsfläche schaben. Das restliche Öl hinzufügen und den Teig in etwa 15 Minuten glatt und elastisch kneten. Wenn der Teig zu trocken ist, etwas Wasser tropfenweise einarbeiten.
3. Den Teig in ein feuchtes Tuch wickeln (Foto 3) und an einem kühlen Ort (nicht im Kühlschrank) etwa 30 Minuten ruhen lassen.
4. Den Teig in 3 bis 4 Stücke teilen und jedes Teil auf einer bemehlten Arbeitsfläche einzeln ausrollen. Den Teig mit dem Handballen flachdrücken und kräftig mit der Nudelrolle nach allen Seiten hin ausrollen, bis man einen runden Fladen erhält (Foto 4). Wenn etwa ein Drittel des Fladens aufgerollt ist, diesen umdrehen und wieder aufrollen. Den Vorgang so oft wiederholen, bis der Fladen nur noch 2 mm dick ist. Das gilt für dünne, flache Nudeln wie z.B. Tagliatelle. Für Lasagne und Ravioli sollte der Teig 3 mm dünn sein.
5. Danach den Teig etwa 20 Minuten trocknen lassen. Zur Herstellung von gefüllter Pasta wie Tortellini und Ravioli wird der Teig noch feucht verwendet.

Teigherstellung mit der Nudelmaschine

Wenn Sie sich an die Anweisungen von Seite 11 halten, gelingt Ihnen Ihr Nudelteig in der Regel sehr gut. Leichter geht diese Arbeit natürlich mit einer Nudelmaschine, die den Teig knetet und in verschiedene Formen schneidet. Darüber hinaus gibt es Geräte, mit deren Hilfe man den vorgefertigten Teig auswellen und in Streifen von verschiedener Stärke und Breite schneiden kann. Eine Nudelmaschine ist allerdings nicht ganz billig, und die Anschaffung lohnt sich nur, wenn Sie regelmäßig Nudelteig selbst machen. Beim Kauf einer Maschine sollten Sie darauf achten, daß die Teile spülmaschinenfest, leicht zusammenzusetzen und auseinanderzunehmen sind. Die im Handel angebotenen Modelle arbeiten alle nach dem gleichen Prinzip: Mehl und Eier oder andere Flüssigkeiten kommen in den vorgesehenen Behälter und werden durch eine sich stetig drehende Schaufel gleichmäßig vermischt. Das dauert nicht länger als 3 bis 4 Minuten, es entsteht eine krümelige Masse. Dann wählt man die gewünschte Matritze aus (Spaghetti, Bandnudeln etc.). Der Teig wird unter hohem Druck durch die Matritze gepreßt und erhält dadurch eine geschmeidige Konsistenz. Um zu verhindern, daß die austretende Pasta zusammenklebt, sollten Sie sie ganz leicht mit Mehl bestäuben. Eine Nudelmaschine benötigen Sie nur für lange, dünne Nudelsorten wie z.B. Spaghetti, die den gleichen Durchmesser haben sollten, damit die Garzeit einheitlich ist. Auch Makkaroni lassen sich nur schwer von Hand zubereiten. In den Rezepten des Buches werden selbstgemachte Nudeln ohne Nudelmaschine zubereitet.

Weißer Nudelteig

Zubereitungszeit
ca. 20 Min.
Zeit zum Ruhen
ca. 30 Min.

Zutaten für 4 Personen

200 g Weizenmehl (Type 405)
2 Eier (Gewichtsklasse 2–3)
1–2 EL Olivenöl
Salz
schwarzer Pfeffer aus der Mühle

So wird's gemacht

1. Das Mehl auf eine Arbeitsfläche sieben und in die Mitte eine Vertiefung drücken.
2. Die Eier, etwas Öl, Salz und Pfeffer in die Vertiefung geben, dann vom Rand etwas Mehl unterrühren und nach und nach das gesamte Mehl mit den Händen unter die Ei-Mehl-Mischung kneten. Restliches Öl hinzufügen und die Masse 10 Minuten weiterkneten, bis ein geschmeidiger, glatter Teig entsteht. Wenn der Teig zu trocken ist, tropfenweise etwas Wasser hinzufügen.
3. Den Teig in ein feuchtes Tuch wickeln, etwa 30 Minuten ruhen lassen und dann je nach Rezept weiterverarbeiten.

Grüner Nudelteig

Zubereitungszeit
ca. 25 Min.
Zeit zum Ruhen
ca. 30 Min.

Zutaten für 4 Personen

200 g frischer Blattspinat
200 g Weizenmehl (Type 405)
2 Eier (Gewichtsklasse 2–3)
1–2 EL Olivenöl, Salz
schwarzer Pfeffer aus der Mühle

So wird's gemacht

1. Den Spinat waschen, putzen und in Salzwasser kurz blanchieren. Sofort kalt abschrecken, abtropfen lassen und ausdrücken. Sehr fein hacken oder pürieren.
2. Das Mehl auf eine Arbeitsfläche sieben und in die Mitte eine Vertiefung drücken. Die übrigen Zutaten hineingeben und nach und nach das gesamte Mehl mit den Händen einarbeiten. Die Masse 10 Minuten weiterkneten, bis ein geschmeidiger, glatter Teig entsteht.
3. Den Teig in ein feuchtes Tuch wickeln, 30 Minuten ruhen lassen und dann je nach Rezept weiterverarbeiten.

Roter Nudelteig

Zubereitungszeit
ca. 20 Min.
Zeit zum Ruhen
ca. 30 Min.

Zutaten für 4 Personen

200 g Weizenmehl (Type 405)
2 EL Tomatenmark
2 Eier (Gewichtsklasse 2–3)
1–2 EL Olivenöl, Salz
schwarzer Pfeffer aus der Mühle

So wird's gemacht

1. Das Mehl auf eine Arbeitsfläche sieben und in die Mitte eine Vertiefung drücken.
2. Das Tomatenmark, die Eier, etwas Öl und die Gewürze hineingeben und nach und nach das gesamte Mehl mit den Händen unter die Ei-Mehl-Mischung kneten. Restliches Öl hinzufügen und die Masse 10 Minuten weiterkneten, bis ein geschmeidiger, glatter Teig entsteht.
3. Den Teig in ein feuchtes Tuch wickeln, etwa 30 Minuten ruhen lassen und dann je nach Rezept weiterverarbeiten.

Brauner Nudelteig

Zubereitungszeit
ca. 20 Min.
Zeit zum Ruhen
ca. 30 Min.

Zutaten für 4 Personen

200 g Weizenmehl (Type 405)
1–2 EL Puderzucker
2 Eier (Gewichtsklasse 2–3)
1–2 EL Olivenöl
1–2 EL Kakaopulver

So wird's gemacht

1. Das Mehl zusammen mit dem Puderzucker auf ein Brett oder eine Arbeitsfläche sieben und in die Mitte eine Vertiefung drücken.
2. Die übrigen Zutaten hineingeben und nach und nach das gesamte Mehl mit den Händen einarbeiten. Die Masse 10 Minuten weiterkneten, bis ein geschmeidiger, glatter Teig entsteht. Wenn der Teig zu trocken ist, etwas Wasser oder Milch hinzufügen.
3. Den Teig in ein feuchtes Tuch wickeln, etwa 30 Minuten ruhen lassen und dann je nach Rezept weiterverarbeiten.

Süßer Nudelteig

Zubereitungszeit
ca. 20 Min.
Zeit zum Ruhen
ca. 30 Min.

Zutaten für 4 Personen

200 g Weizenmehl (Type 405)
1–2 EL Puderzucker
2 Eier (Gewichtsklasse 2–3)
1–2 EL Olivenöl
etwas ausgekratztes Vanilleschotenmark oder
1 Msp. Zimtpulver
eventuell etwas Milch

So wird's gemacht

1. Das Mehl zusammen mit dem Puderzucker auf ein Brett oder eine Arbeitsfläche sieben und in die Mitte eine Vertiefung drücken.
2. Die übrigen Zutaten hineingeben und nach und nach das gesamte Mehl mit den Händen einarbeiten. Die Masse 10 Minuten weiterkneten, bis ein geschmeidiger, glatter Teig entsteht. Wenn der Teig zu trocken ist, etwas Milch hinzufügen.
3. Den Teig in ein feuchtes Tuch wickeln, etwa 30 Minuten ruhen lassen und dann je nach Rezept weiterverarbeiten.

Nudelsorten selbstgemacht

Auf den ersten Blick scheint es kompliziert zu sein, verschiedene Nudelsorten selbst herzustellen. Doch wenn Sie die folgenden Anleitungen einmal ausprobiert haben, werden Sie sehen, daß es gar nicht so schwer ist. Die nicht extra erwähnte Teigmenge bezieht dabei immer auf das Grundrezept des weißen Nudelteigs, das Sie auf Seite 12 finden. Die daraus resultierende Nudelmenge entspricht 4 Portionen.

Teigfladen mit der Teigmaschine herstellen

Sie können viel Mühe und Zeit sparen, wenn Sie Teigfladen mit einer Teigmaschine (die ist nicht so teuer wie eine Nudelmaschine) herstellen. Dabei wird der Nudelteig in kleinere Stücke geteilt und mit der Hand flachgedrückt. Die Stücke nun 4- bis 5mal bei immer engerer Walzeneinstellung durch die Walze laufen lassen, bis der Teig den gewünschten Umfang erreicht hat (Foto 1). Die glatten Fladen anschließend durch die Schneideritze kurbeln, um eine sauber zugeschnittene Pasta in der gewünschten Form zu erhalten.

Quadrettoni oder „Nudelfleckerln"

Quadrettoni sind kleine, flache, quadratisch geformte Nudeln, die man in Suppen und Aufläufen verwendet. In Österreich heißen sie „Fleckerln", Kinder mögen diese Nudeln besonders gerne. Für die Quadrettoni den Fladen mit einem scharfen Messer in Streifen von etwa 5 cm Breite schneiden. Diese übereinanderlegen, um daraus 2 x 2 cm große Quadrate zu schneiden (Foto 2). Die Quadrettoni mit den Händen auflockern und auf einem sauberen Geschirrtuch zum Trocknen ausbreiten.

Tagliatelle oder Fettuccine

Bei uns sind Tagliatelle oder Fettuccine im Handel von deutschen Teigwarenherstellern unter der Bezeichnung „Bandnudeln" erhältlich. Dabei kann die Breite der Bandnudeln unterschiedlich sein, es gibt sie von extra schmal bis extra breit. Um Tagliatelle herzustellen, müssen Sie den getrockneten Teigfladen vorsichtig auf einer bemehlten Arbeitsfläche aufrollen. Die Rolle mit einem scharfen Messer in 1/2 cm breite Streifen oder in die gewünschte Breite schneiden (Foto 3). Die Streifen rasch auseinanderziehen und auf einem sauberen Geschirrtuch zum Trocknen ausbreiten.

Lasagneplatten und Cannelloni

Lasagneplatten benötigen Sie für die Zubereitung von Nudelaufläufen und natürlich für die berühmte Lasagne. Hierfür schneiden Sie den Teigfladen mit einem scharfen Messer in etwa 10 x 10 cm große Platten (Foto 4) und breiten diese zum Trocknen auf einem sauberen Geschirrtuch aus. Die Platten sollten etwa 10 Minuten ruhen, bevor Sie sie ins kochende Salzwasser geben. Für Cannelloni, die später je nach Geschmack mit Fleisch, Fisch oder Gemüse gefüllt werden, bereiten Sie Lasagneplatten zu. Die gegarten Nudelplatten werden dann gefüllt, aufgerollt, die Ränder mit kaltem Wasser befeuchtet und fest zusammengedrückt.

Foto 1

Foto 2

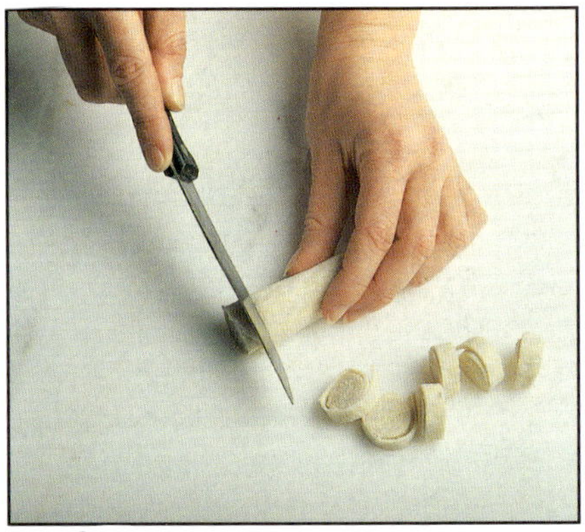

Foto 3

Foto 4

Ravioli

Für Ravioli teilen Sie den Teigfladen in zwei gleich große Hälften. Nun geben Sie die Füllung in regelmäßigen Abständen von 3 cm mit einem Teelöffel auf die eine Nudelplatte (Foto 5). Die Zwischenräume mit etwas Eiweiß oder Wasser bepinseln. Die zweite Teigplatte darüberlegen und mit der Hand festdrücken. Mit einem Teigrädchen Ravioli ausschneiden (Foto 6) und diese mit ausreichendem Abstand nebeneinander auf ein sauberes Geschirrtuch legen. Die Ravioli etwa 30 Minuten ruhen lassen und vor dem Kochen kontrollieren, ob die Enden gut versiegelt sind.

Tortellini

Selbstgemachte Tortellini sind vielleicht nicht so formschön wie industriell gefertigte, aber mit ein wenig Übung und Geduld wird Ihnen auch diese Nudelspezialität gelingen. Nehmen Sie ein Likörglas oder einen runden Plätzchenausstecher und stechen Sie aus dem Teigfladen Kreise aus. Nun die Füllung mit einem Teelöffel in die Mitte der Kreise setzen. Die einzelnen Kreise zu einem Halbkreis falten (Foto 7) und an den Rändern sorgfältig mit Wasser oder Eiweiß versiegeln. Jeden Halbkreis um den Zeigefinger legen und beide Enden gut aufeinanderdrücken (Foto 8). Die Tortellini auf eine mit Mehl bestäubte Arbeitsfläche legen und vor dem Kochen etwa 20 Minuten ruhen lassen. Wenn die Tortellini als Suppeneinlage verwendet werden, stechen Sie einfach etwas kleinere Kreise aus.

Foto 5

Foto 6

Foto 7

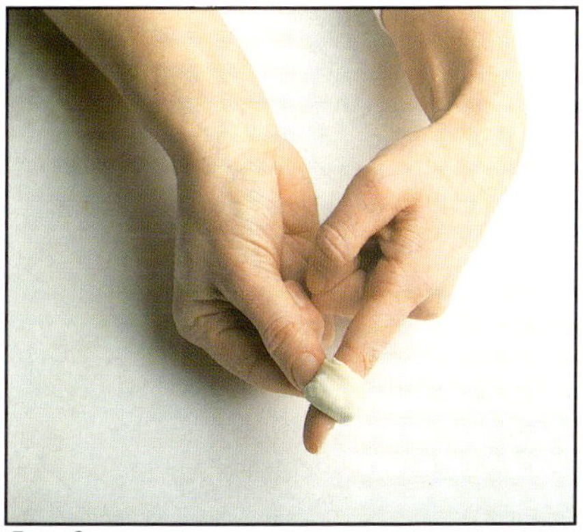

Foto 8

Nudeln richtig kochen

Folgendes sollten Sie beim Nudelkochen berücksichtigen:

1. Der Kochtopf sollte so groß sein, daß er mindestens 4 Liter Wasser faßt. Man rechnet für 100 g Nudeln etwa 1 Liter Wasser.
2. Das Wasser zum Kochen bringen. Erst wenn es sprudelnd kocht, das Salz (pro Liter 2 gestrichene Teelöffel) hinzufügen. Das Salz läßt das Wasser, nachdem Sie die Nudeln hineingegeben haben, schnell wieder kochen. Das ist sehr wichtig, weil Nudeln schnell gar sein sollen.
3. Die Nudeln auf einmal locker ins Wasser gleiten lassen. Lange Nudeln, wie zum Beispiel Spaghetti, wie einen Fächer auseinanderfallen lassen und leicht mit der Hand nach unten drücken, ohne sie zu zerbrechen. Sobald der untere Nudelteil vom Wasser aufgeweicht ist (das dauert etwa 1/2 Minute), die Nudeln sanft mit einem Kochlöffel ganz in den Topf schieben. Damit sie nicht aneinanderkleben, diese erneut lockern.

Kräuter und Gewürze

Kräuter und Gewürze sind aus einer gesunden, abwechslungsreichen Küche nicht wegzudenken: Sie sind bei den meisten Gerichten das berühmte Tüpfelchen auf dem i. Wie in allen europäischen Ländern gibt es auch in Italien einige bevorzugte Kräuter und Gewürze, die immer wieder in den verschiedensten Variationen auftauchen. Freilandkräuter sind kräftiger in der Farbe und im Geschmack und reicher an Vitaminen und Mineralstoffen als Treibhausware. Wenn Sie also ein sonniges Plätzchen im Garten, auf dem Balkon oder auf der Fensterbank haben, sollten Sie sich Ihre Kräuter selber ziehen oder in jedem Fall frische verwenden. Wenn Sie keine frischen Kräuter bekommen können, halten Sie sich am besten an folgende Faustregel: 1 Bund Frischkräuter entspricht 1 gestrichenem Eßlöffel Trockenkräuter. Hier nun die wichtigsten Kräuter und Gewürze, die in der italienischen Küche verwendet werden:

Basilikum zählt zu den beliebtesten Kräutern Italiens. Es hat einen sehr intensiven, würzigen Geschmack. Es paßt zu Tomaten und grünen Bohnen, zu Krustentieren, Fisch, Fleisch und Geflügel. Fein gehackt, würzt es Saucen aller Art. Basilikum fein schneiden und beim Hacken nicht zerdrücken. Es sollte immer frisch und im letzten Moment zugegeben werden, damit das gesamte Aroma erhalten bleibt.

Estragon braucht viel Sonne, um sein Aroma zu entwickeln. Er verleiht Saucen, Salaten, hellen Fleisch- und Fischgerichten die würzige Note. Verwendet werden nur die Blätter. In der italienischen Küche ist vor allem der Estragonessig bekannt. Legt man ein paar Zweige in Weißweinessig, so geben diese ihr Aroma ab, und man hat das ganze Jahr hindurch einen feinwürzigen Essig zur Hand.

Knoblauch gehört in der italienischen Küche eigentlich mehr zum Gemüse als zu den Gewürzen, denn in fast jedem Gericht kann und wird er auch großzügig verwendet. Damit der Knoblauch sich ganz in der Speise verteilen kann, sollten Sie die ganzen Zehen vor dem Garen im Mörser zusammen mit Salz fein zerreiben. In Norditalien wird der Knoblauch meist nur in Olivenöl angebraten und dann wieder herausgenommen, damit die Gerichte nur einen Hauch dieses Gewürzes abbekommen.

Majoran entwickelt sein Aroma am besten während der Blütezeit. Als Gewürz sollte es nur sehr sparsam verwendet werden, es übertönt sonst jeden anderen Geschmack.

Minze hat einen kräftigen, frischen Geschmack. Sie findet hauptsächlich in der italienischen Süßspeisenküche Verwendung, doch für Salate und vor allen Dingen für Lammgerichte ist die gezüchtete oder wilde Pfefferminze eine Delikatesse.

Oregano (wilder Majoran) paßt zu allen italienischen Spezialitäten wie Pizza und Pasta und ist schärfer als Majoran, deshalb sparsam verwenden.

Petersilie ist auch in Italien ein häufig verwendetes Gewürz. Die glattblättrige Petersilie ist geschmacksintensiver als die krause, die jedoch weitaus häufiger angeboten wird.

Rosmarin ist ein typisches Kraut aus dem Mittelmeerraum. Seine aromatisch-pikante Würze entwickelt es am besten, wenn es längere Zeit mitgeschmort wird. Rosmarin eignet sich für Lamm-, Rind- und Geflügelgerichte, für Zucchini- und Tomatenspeisen. Vorsichtig dosieren, denn Rosmarin hat einen stark aromatischen Geschmack!

Safran schmeckt würzig-bitter, riecht sehr aromatisch und hat eine starke Farbkraft. Das teuerste Gewürz der Erde wird in Italien vor allem bei Risotto und Fischgerichten verwendet. Er ist in pulverisierter Form in kleine Döschen oder als Fädchen erhältlich und wird in Gerichten nur messerspitzenweise verwendet.

Salbei hat sehr würzige, leicht bitter schmeckende Blätter. Er ist besonders in der römischen Küche beliebt. In Butter gedünstete Salbeiblätter werden dort oft zu frischen Raviloi gereicht. Ansonsten wird Salbei für Lamm-, Kalbfleisch- und Geflügelgerichte genommen, er wird entweder in ganzen Blättern oder fein geschnitten, aber immer sparsam verwendet.

Thymian riecht angenehm und schmeckt aromatisch. Italienische Köche bezeichnen dieses Kraut als das Herz der raffinierten Küche. Dank seines intensiven Geschmacks sollten Sie ihn sparsam verwenden. Als Gewürz eignet er sich hevorragend für Pastasaucen, Gemüse, Wild und Geflügel.

Zitronenmelisse hat ein zitronenartiges Aroma. Die fein gehackten Blätter schmecken in Salaten, Fisch- und Fleischgerichten, Suppen und Saucen, aber auch in Süßspeisen.

Kräuter hacken

Die frischen Kräuter kurz waschen, trockenschleudern oder auf einem Tuch sorgfältig trocknen. Dann die Kräuter auf einem Brett mit einem Schlag- oder Wiegemesser fein hacken. Ein Holzbrett sollte immer mit etwas Wasser benetzt werden, damit der Kräutersaft von den Holzfasern nicht aufgesaugt wird. Kräuter nach dem Hacken niemals ausdrükken. Nur soviele Kräuter hacken, wie auch benötigt werden.

Kräuter lagern

Kräuter so frisch wie möglich verarbeiten. In einem Frischhaltebeutel im Gemüsefach des Kühlschranks halten sich gewaschene und trockengetupfte Kräuter einige Tage.

Gemüse

Da die Italiener im Gegensatz zu den Deutschen zu den Hauptgerichten keine Beilagen wie zum Beispiel Nudeln, Reis oder Knödel, sondern in erster Linie Gemüse servieren, ist es nicht verwunderlich, daß Gemüse in der italienischen Küche eine wichtige Rolle spielt. Denn Gemüse wird nicht nur als Beilage und in den verschiedensten Variationen als Vorspeise gereicht, sondern auch in Teigwarengerichten als Geschmacks- und Aromageber großzügig verwendet. Die klimatischen Verhältnisse in diesem Land tragen natürlich auch dazu bei, daß man dort nahezu das ganze Jahr über auf ein reichhaltiges Angebot an frischen Gemüsen zurückgreifen kann. In den ärmeren Regionen wie zum Beispiel Sizilien stehen die Früchte und das Gemüse der Insel zwangsläufig auf dem täglichen Speiseplan. Den kulinarischen Genüssen hat die Notwendigkeit, auf das zurückgreifen zu müssen, was vor der eigenen Haustür wächst, aber keinen Abbruch getan, im Gegenteil: Die einfachsten Gerichte sind meist die köstlichsten. Ausschlaggebend ist hierbei lediglich die hervorragende Qualität der einzelnen Zutaten. Versuchen Sie deshalb immer, möglichst frisches, unbeschädigtes Freilandgemüse zu verwenden.

Artischocken werden von den Italienern als Delikatesse geschätzt und dort ebenso häufig verzehrt wie hierzulande Kartoffeln. Artischocken gehören zu den Distelgewächsen. Angeboten werden grüne, violette, und weiße Sorten. Am beliebtesten sind die grünen, großen Artischokken mit breitem, fleischigem Boden.

Auberginen sind Nachtschattengewächse. Die ovalen, dunkelvioletten Früchte haben einen kürbisähnlichen Geschmack und sind auch unter dem Namen „Eierfrüchte“ bekannt. Die Früchte sind reif, wenn die Schale auf Fingerdruck leicht nachgibt. Sie sollten nicht roh gegessen werden, da sie einen Giftstoff enthalten, der sich aber beim Kochen verflüchtigt. Vor dem Verarbeiten werden Sie kräftig gesalzen. Man läßt sie dann etwa 30 Minuten ziehen und spült sie anschließend mit kaltem Wasser ab. Auberginen schmecken gedünstet und geschmort, gebraten und gegrillt.

Avocados sind eigentlich eine Mischung aus Gemüse und Obst. Die birnenähnlichen Früchte werden in Deutschland erst seit einigen Jahren angeboten, in Italien dagegen sind sie schon lange fester Bestandteil der feinen Küche. Verzehrt wird das cremige, grünliche Fruchtfleisch, das nußartig schmeckt. Es sollte nach dem Öffnen der Frucht sofort mit Zitronensaft beträufelt werden, da es sich unter Lufteinwirkung verfärbt.

Brokkoli sind eng mit dem Blumenkohl verwandt, im Geschmack

jedoch etwas kräftiger. Gegessen werden die dunkelgrünen bis grünvioletten Röschen und die Stiele.
In Italien genießt man sie als Beilage zu Fleisch- und Fischgerichten oder mischt die in Salzwasser gegarten Röschen unter die frisch zubereitete Pasta.

Fenchel kommt ursprünglich aus Italien. Man unterscheidet „Florentiner Fenchel" und „Neapolitaner Fenchel". Die zartgrünen bis weißen Knollen werden roh, als Salat oder gedünstet als Gemüse gegessen.

Mangold unterteilt man in Blatt- oder Schnittmangold. Beide Sorten werden in Italien häufiger als bei uns verarbeitet und sind gedünstet eine beliebte Beilage. Der Blattmangold wird wie Spinat zubereitet und schmeckt auch fast genauso. Der Schnittmangold dagegen ist ein Stielgemüse, das im Ganzen oder kleingeschnitten als Gemüse zubereitet wird.

Oliven sind die Früchte des Ölbaums. Es gibt die milden, grünen Oliven (auch gefüllt mit z.B. Paprika), hellviolette, halbreif geerntete Oliven und die intensiv und aromatisch schmeckenden schwarzen Oliven, die vollreif im Winter gepflückt werden. Die naturell belassenen, in Öl aufbewahrten Früchte eignen sich zum Kochen am besten.

Paprikaschoten sind je nach Reifegrad grün, weißlichgelb, gelb, orangefarben, rot oder sogar schwarzviolett. Grüner Paprika ist noch nicht voll ausgereift und schmeckt deshalb leicht herb. Rohe Paprikaschoten sind vor allem reich an Vitamin C. In Italien werden alle Paprikasorten verwendet, und sie sind als Beilage, gefüllt oder roh, hochgeschätzt.

Tomaten, reich an Vitaminen und Mineralsalzen, gehören in Italien zu den wichtigsten Gemüsen. Die italienische Küche ist ohne Tomaten unvorstellbar. Für Salate werden sie mit Schale verwendet, für alle heißen Gerichte schält man sie.

Zucchini gehören zur Kürbisfamilie. Die hellgrünen Früchte kann man dünsten, braten, backen, einlegen, füllen oder roh essen. Der Möglichkeiten, dieses Gemüse zuzubereiten, gibt es viele und in Italien macht man davon eifrig Gebrauch.

Zwiebeln sind Liliengewächse. Am bekanntesten, aber auch am schärfsten ist die Haushaltszwiebel, die kleingehackt und gedünstet, in nahezu allen Nudelsaucen zu finden ist. Schalotten sind eine besonders kleine, milde Zwiebelsorte, die in Italien gerne für feine Saucen und Fischgerichte verwendet wird. Die Gemüsezwiebel ist die größte Zwiebelsorte. Auch sie ist sehr mild und kann sowohl roh als auch gedünstet genossen werden. Rote Zwiebeln wirken in Salaten sehr dekorativ. Frühlingszwiebeln werden bei uns von Februar bis Herbst mitsamt ihren Blättern und ihren feinen Wurzeln angeboten. Sie eignen sich gekocht hervorragend für Gemüsefüllungen und roh zur Dekoration von vielen Gerichten.

Käse

Überall in Italien wird erstklassiger Käse hergestellt. Die Käsezubereitung blickt dort auf eine lange Tradition zurück, und jede Region hat für ihre verschiedenen Zubereitungsarten eine spezielle Käsesorte. Italienische Käsespezialitäten sind mittlerweile auch bei uns in Feinkostläden und gut sortierten Lebensmittelgeschäften erhältlich.

Bel Paese ist ein sehr sahniger, milder Butterkäse, der aus der Lombardei stammt. Der Schnittkäse fehlt auf keiner italienischen Käseplatte. Er ist ein guter Ersatz für Mozzarella und eignet sich zum Überbacken von Pasta und Nudelaufläufen.

Caciocavallo, dem Provolone sehr ähnlich, ist ein fetter Käse, der aus gesäuerteter Kuhmilch hergestellt wird. Es ist in ganz Süditalien zu Hause, wird aber in erster Linie auf Sizilien hergestellt.

Fontina schmeckt mild-pikant und ist ein halbfester, sahniger Käse. Er wird im Aostatal hergestellt. Dem dort gelegenen Berg Fontin verdankt dieser frische Käse seinen Namen. Der Fontina schmilzt sehr leicht und eignet sich daher gut für Käsesaucen und -fondues.

Gorgonzola ist ein Edelpilzkäse aus Kuhmilch, der einen würzig-scharfen Geschmack hat. In Italien wird er zusammen mit blauen Weintrauben oder Birnen gerne als Dessert gereicht. Aber auch Nudeln mit Gorgonzola-Sahne-Sauce zählen dort zu den klassischen Gerichten. Neben herkömmlichem Gorgonzola gibt es noch Sahne-Gorgonzola, der sehr mild schmeckt und bei der Zubereitung von Käsesaucen pur, das heißt ohne Zugabe von Sahne oder Milch, verarbeitet werden kann.

Mascarpone wird in Italien beim Kochen als Ersatz für Sahne und Crème fraîche verwendet. Der ungesalzene Rohkäse schmeckt sehr cremig und kann sowohl für pikante Gerichte als auch für Desserts verwendet werden. Er wird hauptsächlich in der Lombardei hergestellt.

Mozzarella wurde früher ausschließlich aus Büffelkuhmilch hergestellt. Heute wird er entweder aus normaler Kuhmilch oder aus einem Gemisch produziert. Der milde, leicht säuerlich schmeckende Frischkäse wird im Handel als handgeformte Kugel mit einem Gewicht von etwa 125 Gramm in einer milden Salzlake angeboten. In Scheiben geschnitten, kann er entweder roh in Salaten oder zum Überbacken von Aufläufen, Pizzas und Nudelgerichten verwendet werden.

Parmesan ist ein auch in Deutschland sehr bekannter und beliebter Hartkäse. Meist wird er feingerieben zum Überstreuen und Überbacken von Pizza, Pasta sowie für die Zubereitung von Saucen verwendet. Man unterscheidet zwei verschiedene Arten, den Parmigiano reggiano und den Grana Padano. Nur Parmesan, der aus der Umgebung von Parma kommt, darf die Bezeichnung Parmigiano reggiano führen. Parmesan benötigt mindestens eine Reifezeit von zwei Jahren. Je älter er ist, desto intensiver wird sein feinwürziger bis scharfer Geschmack. Sie sollten Parmesan immer am Stück kaufen und die benötigte Menge kurz vor der Zubereitung reiben. Die Qualität bereits geriebener Tütenware entspricht in keiner Weise der des frisch geriebenen, da das Fertigprodukt häufig aus alten Käseresten besteht. Parmesan am Stück kann entweder in Klarsichtfolie im Gemüsefach des Kühlschranks aufbewahrt werden, oder wie es in Italien gemacht wird, in einem verschließbaren Plastikbehälter zusammen mit reichlich grobem Meersalz für mehrere Wochen frisch gehalten werden.

Pecorino wird manchmal als Ersatz für Parmesan verwendet. Der harte, pikant bis scharf schmeckende Schafsmilchkäse stammt angeblich aus den Abruzzen, wird aber in ganz Italien hergestellt. Wie der Parmesan wird Pecorino in geriebener Form in vielen Gerichten und Saucen verarbeitet.

Provolone ist ein fetter Schnittkäse, meist in einer ovalen Form, der mild und sahnig schmeckt. Bei längerer Reifezeit wird er würziger und wird dann zum Reiben verwendet

Ricotta ähnelt vom Aussehen und von der Konsistenz dem hiesigen Quark. Er wird jedoch meist aus Schafsmilch hergestellt und schmeckt daher etwas würziger als Quark. Ricotta wurde ursprünglich in Süditalien und auf Sizilien hergestellt. Für pikante Gerichte wird er wie Quark verarbeitet, doch auch in Süßspeisen und Desserts findet er Verwendung.

Grundzutaten für Nudelsaucen

Olivenöl

Bei Olivenöl gibt es große Qualitätsunterschiede. Herkunft, Sorte, Bodenbeschaffenheit, Klima und Jahrgang sowie Sorgfalt bei Ernte und Gewinnung spielen hier eine wichtige Rolle. Das beste Öl ist das „Olio di olive extra vergine" („Jungfernöl aus erster Pressung"). Der Säuregehalt des Öls ist gesetzlich vorgeschrieben und darf nicht über einem Prozent liegen. Spitzenöle aus den besten Ölregionen, etwa aus Venetien, Ligurien, Toskana oder Katalonien besitzen nicht mehr als 0,5 % Säure. Natürlich ist ein solches Spitzenprodukt nicht gerade billig, aber dafür zählt es zu den gesündesten Ölen überhaupt und ist vom Geschmack her unvergleichlich. Wenn Sie für Öl nicht ganz soviel Geld ausgeben wollen, sollten Sie beim Einkauf auf jeden Fall auf die Bezeichnungen „extra vergine" oder zumindest „vergine" achten. Der Zusatz „extra vergine" garantiert eine Ölqualität aus der ersten Kaltpreßung, und „vergine" darf nur auf dem Etikett stehen, wenn das Öl kaltgepreßt wurde. Etwas verwirrend ist der Begriff „Reines Olivenöl". Ein solches Öl wird aus einem Verschnitt von kaltgepreßtem und raffiniertem, also mit chemischen Mitteln extrahiertem und dann gereinigtem Öl, gewonnen und entspricht von der Qualität her bei weitem nicht seiner wohlklingenden Bezeichnung. Olivenöl sollten Sie nicht zu kühl und immer dunkel aufbewahren. Wenn es zu sehr abkühlt, bilden sich kleine Fettklümpchen, die sich bei Zimmertemperatur aber wieder auflösen. Die dunkle Aufbewahrung sorgt dafür, daß das Olivenöl nichts von seinem Aroma einbüßt.

Tomaten

Wenn möglich, sollten Sie Tomatensaucen immer mit frischen Tomaten zubereiten. *Stieltomaten* besitzen eine feste, relativ dicke Haut, die Sie vor der Weiterverarbeitung für Saucen entfernen müssen. *Fleisch-* und *Eiertomaten* sind fleischiger als Stieltomaten, aber nicht so süß und saftig. Eine Sauce aus diesen Tomaten verträgt daher eine gute Prise Zucker. Während der Wintermonate, wenn es im Warenangebot nur Treibhaustomaten oder die kleinen Tomaten von den kanarischen Inseln gibt, können Sie auf *geschälte Tomaten* aus der Dose zurückgreifen. Dabei sollten Sie beachten, daß diese zwar genügend Saft für eine Sauce enthalten, aber in den meisten Fällen nur ein schwaches Aroma haben. Dem können Sie abhelfen, indem Sie 1 Eßlöffel *Tomatenmark* in die Sauce rühren. Intensiver schmecken sogenannte *Pizza-Tomaten*, die geschält und kleingehackt in Dosen erhältlich sind. Praktisch für die schnelle Küche

ist auch *Tomatenpüree*. In Italien ist Tomatenpüree in Flaschen erhältlich und sehr geschmackvoll. Bei uns wird Tomatenpüree in kleinen Kartons angeboten. Aber selbst die aus Italien importierte Ware ist vom Aroma her nicht mit frischen Tomaten vergleichbar.

Knoblauch

Knoblauch gehört zu den ältesten Kulturpflanzen. Viele Völker der Antike nutzten ihn sowohl zu kulinarischen als auch zu medizinischen Zwecken. Sie sollten darauf achten, nur frischen Knoblauch zu verwenden. Die Knoblauchzehen müssen fest und saftig sein und bläulich oder bräunlich schimmern. Hat sich bereits ein grünlicher Keim entwickelt, sind die Zehen zu alt, und Sie sollten den Keim in jedem Fall vor der Weiterverarbeitung entfernen. Ganz junger Knoblauch, dessen Haut noch weich ist, hat ein sehr mildes Aroma und kann, je nach Geschmack, bedenkenlos in größeren Mengen beigegeben werden. Durch die Presse gedrückter Knoblauch sollte nie länger stehen gelassen werden, er entwickelt dann einen schwefligen Geschmack. An Saucen oder in Öl schmeckt Knoblauch am besten, wenn Sie ihn zusammen mit etwas Salz im Mörser zerreiben und dann einrühren.

Sahne

Süße Sahne verleiht sanften Saucen eine cremige Konsistenz. Verwenden Sie vorzugsweise frische, also nicht wärmebehandelte, *süße Sahne*, *Crème fraîche* oder *Crème double* zum Verfeinern Ihrer Saucen. Crème fraîche eignet sich gut zum Andicken von Saucen, zerstört aber durch ihren leicht säuerlichen Geschmack empfindliche Aromen. Crème double ist eine besonders fettreiche süße Sahne, die mit vielen Pastagerichten hervorragend harmoniert.

Schinken

Darf sich nur so nennen, wenn er aus einer Schweinekeule gewonnen wurde. Italien liefert hervorragende Schinken, die nach genau festgelegten Regeln hergestellt und strengstens kontrolliert werden. Der bekannteste ist der *Parmaschinken*, der aus Parma in der Region Emilia-Romagna stammt. Es wird nur erstklassiges Fleisch verwendet. Der Schinken wird leicht gepökelt, gewürzt und erhält durch Lufttrocknung sein unübertroffenes Aroma. Rund 15 Monate müssen die Schinken in speziellen Schinkenhäusern hängen und trocknen, bevor sie in den Handel kommen. Der *San Daniele* ist ein mildwürziger Schinken aus dem Friaul, der seinen kernigen Geschmack der trockenen, klaren Luft dieser Region verdankt. Der dritte bekannte ist der *Prosciutto del Veneto* aus Venetien, der ebenfalls von bester Qualität ist. Neben den berühmten, luftgetrockneten Rohschinken gibt es gekochten Schinken, der in ähnlicher Weise wie bei uns hergestellt wird, er ist jedoch etwas intensiver gewürzt.

Tomatensauce

Zubereitungszeit
ca. 20 Min.

Zutaten für 4 Personen

400 g frische Tomaten
1 kleine Schalotte
1 kleine Knoblauchzehe
1 EL Olivenöl
50 ml trockener Weißwein
1 EL Tomatenmark, Salz, Pfeffer

So wird's gemacht

1. Die Tomaten überkreuz einritzen, mit kochend heißem Wasser überbrühen, vom Stielansatz befreien, enthäuten, entkernen und das Fruchtfleisch grob hacken.
2. Die Schalotte schälen und fein schneiden. Die Knoblauchzehe ebenfalls schälen. Das Olivenöl in einer großen Pfanne erhitzen und die Schalotte darin glasig dünsten. Dann den Knoblauch und die Tomaten hinzufügen und das Ganze etwa 10 Minuten köcheln lassen.
3. Den Weißwein und das Tomatenmark einrühren. Die Sauce nochmals erhitzen, dann durch ein Sieb streichen und abschmecken.

Kräutersauce

Zubereitungszeit
ca. 15 Min.

Zutaten für 4 Personen

1 Bund gemischte Kräuter (Schnittlauch, Dill, Petersilie, Kerbel, Thymian)
200 g Sahne, 2 Eigelb
1 kleine Schalotte
1 TL Butter, Salz, Pfeffer

So wird's gemacht

1. Die Kräuter waschen, trockentupfen und verlesen. Einige schöne Zweige zur Dekoration aufbewahren, den Rest fein hacken.
2. Die Hälfte der Sahne steif schlagen und mit den Eigelben verrühren. Die Schalotte schälen und fein schneiden.
3. Die Butter in einem Topf erhitzen und die Schalotte sowie die Kräuter darin anschwitzen lassen. Die restliche Sahne dazugießen, alles aufkochen lassen und mit den Gewürzen abschmecken.
4. Zum Schluß die Sahne-Eigelb-Mischung hinzufügen und die Sauce unter Rühren aufwallen lassen.

Sahnesauce

Zubereitungszeit
ca. 15 Min.

Zutaten für 4 Personen

1 kleine Schalotte
1 TL Butter
300 g Sahne
3 Eigelb
50 ml trockener Weißwein
Salz, Pfeffer
geriebene Muskatnuß

So wird's gemacht

1. Die Schalotte schälen und fein hacken. Die Butter in einer Pfanne erhitzen, die Schalotte darin andünsten, zwei Drittel der Sahne dazugeben und auf die Hälfte der Menge einkochen lassen.
2. Die restliche Sahne sehr steif schlagen und die Eigelbe unterheben.
3. Den Weißwein in die Sahnesauce geben und diese aufkochen lassen. Das Ganze mit Salz, Pfeffer und Muskatnuß abschmecken.
4. Nun die Sahne-Eigelb-Mischung einrühren, die Sauce aufwallen lassen und eventuell nochmals nachwürzen.

Weißweinsauce

Zubereitungszeit
ca. 15 Min.

Zutaten für 4 Personen
Für die Legierung:
125 g Sahne
2 Eigelb
Außerdem:
2 kleine Schalotten, 1 TL Butter
1/8 Liter trockener Weißwein
Salz, Pfeffer

So wird's gemacht

1. Für die Legierung die Sahne steif schlagen und die Eigelbe vorsichtig unterziehen. Diese Legierung ist ein Bindemittel für Suppen und Saucen.
2. Die Schalotten schälen, fein schneiden und in der Butter anschwitzen. Den Weißwein angießen und etwas einkochen lassen.
3. Die Legierung dazugeben und vorsichtig mit einem Schneebesen unterziehen. Die Sauce kräftig erhitzen und zum Schluß mit Salz und Pfeffer abschmecken.

Orangensauce

Zubereitungszeit
ca. 35 Min.

Zutaten für 4 Personen
1 kg Orangen, Salz
wenig Pfeffer, 125 g Butter
etwas Schale von 1 unbehandelten Orange

So wird's gemacht

1. Orangen halbieren und auspressen. Den Saft durch ein Sieb in einen Topf gießen und darin sirupartig einkochen. Sollte der Saft beim Einkochen stark schäumen, ihn nochmals durch ein Sieb in einen andern Topf umgießen.
2. Den eingekochten Saft würzen. Ein Drittel der Butter flöckchenweise in die kochende Flüssigkeit einrühren, das Ganze dabei aber nicht mehr zu stark kochen lassen.
3. Den Topf vom Herd nehmen und die restliche Butter nach und nach in die Sauce einarbeiten. Zuletzt die Orangenschale über dem Topf kräftig zusammenpressen und die Sauce mit dem austretenden ätherischen Öl aromatisieren.

Nußsauce

Zubereitungszeit
ca. 30 Min.

Zutaten für 4 Personen
125 g Nüsse
(Mandeln, Walnüsse, Haselnüsse)
200 g Sahne, 2 Eigelb
100 ml trockener Weißwein
Salz, Pfeffer
geriebene Muskatnuß

So wird's gemacht

1. Die Nüsse in einem Mixer fein pürieren oder mit einer Nußmühle fein mahlen.
2. Die Hälfte der Sahne steif schlagen und die Eigelbe unterziehen.
3. Die Hälfte des Weißweines zusammen mit den gemahlenen Nüssen in einem Topf erhitzen. Die restliche Sahne angießen und alles aufkochen lassen.
4. Die Sauce mit Salz, Pfeffer und Muskatnuß abschmecken. Nun die Sahne-Eigelb-Mischung einrühren, die Sauce aufwallen lassen und eventuell nochmals nachwürzen.

Nudelsuppen und -eintöpfe

Suppen werden in Italien nicht als erster Gang zu einem mehrgängigen Menü gereicht, sondern als zweite oder dritte warme Vorspeise serviert. Jede Region hat ihre eigenen Suppenspezialitäten, die man an dem Zusatz „Zuppa“ erkennt. Zu den Klassikern unter den Nudelsuppen zählen die „Tortellini in Brodo“, die „Tortellini in der Brühe“, die man besonders im Norden des Landes häufig auf der Speisekarte findet. Raffinierte, reichhaltige Nudeleintöpfe dagegen werden in der kälteren Jahreszeit gerne als Hauptmahlzeit gegessen. Sie werden allgemein als „Minestrone“ bezeichnet.

Italienische Gemüsesuppe

Zubereitungszeit
ca. 35 Min.

Zutaten für 4 Personen

je 250 g Karotten, zarte Zucchini, Staudensellerie und Kartoffeln
1 Bund Frühlingszwiebeln
4 EL Sojaöl
1 Liter Hühnerbrühe (aus Instantpulver)
420 g geschälte Tomaten (aus der Dose)
1/2 TL getrockneter Thymian
weißer Pfeffer aus der Mühle
Salz
100 g Hörnchennudeln
1 Bund frisches Basilikum
50 g geriebener Parmesan

So wird's gemacht

1. Das Gemüse waschen, putzen, in feine Würfel oder Scheiben schneiden. Das Sojaöl in einem großen Topf erhitzen und das Gemüse unter gelegentlichem Durchrühren darin gut andünsten.
2. Die Hühnerbrühe zubereiten. Die Tomaten auf ein Sieb schütten, dabei den Saft auffangen, zusammen mit der Hühnerbrühe sowie dem Thymian zum Gemüse geben, mit Pfeffer und Salz leicht würzen und das Ganze zugedeckt 20 Minuten bei schwacher Hitze garen.
3. Inzwischen die Hörnchennudeln nach Packungsanweisung separat garen, auf einem Sieb abtropfen lassen, zur Suppe geben, diese aber nicht mehr kochen lassen.
4. Die auf dem Sieb verbliebenen Tomaten würfeln und unter die Suppe mischen. Die Suppe mit Pfeffer und Salz abschmecken, das Basilikum fein hacken, untermischen und die Suppe mit geriebenem Parmesan bestreut servieren.

Tip

In Italien serviert man „minestrone“, wie die Gemüsesuppe dort genannt wird, zusammen mit einem herzhaften Landbrot und Rotwein.

Variationen

Anstelle der Suppennudeln können Sie auch die gleiche Menge Hörnchennudeln verwenden. Wenn Sie es gerne deftig mögen, ersetzen Sie das Sojaöl durch Olivenöl, braten darin je 200 g feingewürfelten Räucherspeck und rohen Schinken an und fügen erst dann das Gemüse dazu.

Tortellini in Brodo

Zubereitungszeit
ca. 35 Min.

Zutaten für 4 Personen

200 g Tortellini (Rohgewicht)
1 Liter Hühnerbrühe (aus Instantpulver)
100 g Karotten
200 g Kohlrabi
100 g frische Zuckererbsen
200 g Blumenkohl
150 g zarter Lauch
300 g gekochtes oder gebratenes Hühnerfleisch (vom Suppenhuhn oder vom gebratenen Hähnchen)
4 EL Pesto (italienische Basilikumsauce mit Knoblauch und Olivenöl, als Konserve im Handel erhältlich)
weißer Pfeffer
Salz
1 EL gehackte Petersilie

So wird's gemacht

1. Die Tortellini nach Packungsanweisung bißfest garen. Inzwischen das Gemüse waschen, putzen und bis auf die Zuckererbsen kleinschneiden. Von diesen die Fäden seitlich an den Schoten entfernen, die Schoten ganz lassen.
2. Das gegarte Hühnerfleisch von den Knochen lösen und in mundgerechte Stücke schneiden. Die Brühe zum Kochen bringen und das Gemüse darin 8 Minuten garen, dann das Hühnerfleisch dazugeben und alles weitere 2 Minuten kochen lassen.
3. Die Tortellini abgießen und in die Suppe geben. Dann den Pesto in die Suppe rühren und diese mit Pfeffer und Salz abschmecken. Mit Petersilie bestreuen und servieren.

Kräutersuppe mit Fadennudeln

Zubereitungszeit
ca. 30 Min.

Zutaten für 4 Personen

150 g Fadennudeln
2 Bund gemischte Kräuter (z.B. Petersilie, Schnittlauch und Dill)
1 Schalotte
1 Knoblauchzehe
2 EL Butter
Salz
schwarzer Pfeffer aus der Mühle

So wird's gemacht

1. Die Fadennudeln in Salzwasser bißfest kochen und kalt abschrecken. Die Kräuter verlesen, waschen und trockenschleudern. Die Blättchen jeweils von den Stielen abzupfen und einen Teil der Kräuterzweige zur Dekoration aufbewahren.
2. Die Schalotte schälen und fein schneiden, die Knoblauchzehe ebenfalls schälen und zerdrücken. Die Butter in einem Topf erhitzen und die Zwiebel und den Knoblauch zusammen mit den Kräutern darin anschwitzen. Dann etwa 3/4 Liter Wasser angießen und das Ganze aufkochen lassen.
3. Die Suppe mit Salz und Pfeffer abschmecken und die Nudeln hinzufügen. Die Suppe in vorgewärmte Teller füllen und mit einigen Kräuterzweigen garnieren.

Variation

Sehr fein schmeckt die Suppe auch, wenn Sie anstelle der Kräuter junge Zucchini verwenden. Hierfür 2 kleine Zucchini waschen, putzen und in feine Streifen schneiden oder mit der Gemüsereibe raspeln. Die Zucchinistreifen zusammen mit der Schalotte und dem Knoblauch in der Butter andünsten und das Ganze mit etwa 3/4 Liter Gemüsebrühe (aus Instantpulver) ablöschen. Das Gemüse zugedeckt bei mittlerer Hitze etwa 5 Minuten köcheln lassen. Die Zucchinistreifen sollten noch bißfest sein. Dann die Nudeln hinzufügen, die Suppe eventuell mit Salz und Pfeffer abschmecken und vor dem Servieren mit 1 Eßlöffel gehacktem Basilikum bestreuen.

Tomatensuppe mit Nudelteighaube

Zubereitungszeit
ca. 50 Min.

Zutaten für 4 Personen

1/2 Menge roter Nudelteig
(Rezept siehe Seite 13)
1 kg vollreife Tomaten
1 Zwiebel
2 Knoblauchzehen
2 EL Olivenöl
2 EL Tomatenmark
1/8 Liter trockener Weißwein
Salz
schwarzer Pfeffer aus der Mühle

So wird's gemacht

1. Einen roten Nudelteig nach Rezeptanweisung von Seite 13 zubereiten, dabei aber nur die halbe Menge verwenden. Die Tomaten überkreuz einritzen, mit kochend heißem Wasser überbrühen, vom Stielansatz befreien, enthäuten, entkernen und das Fruchtfleisch würfeln.
2. Die Zwiebel schälen und fein hacken, die Knoblauchzehen ebenfalls schälen und durchpressen. Das Öl in einem Topf erhitzen und die Zwiebel und den Knoblauch darin hellgelb anschwitzen lassen. Dann die Tomatenwürfel dazugeben und bei mittlerer Hitze zerkochen lassen.
3. Nach einigen Minuten Kochzeit das Tomatenmark und den Weißwein einrühren, einmal aufkochen lassen und alles durch ein Sieb passieren. Die Suppe mit Salz und Pfeffer abschmecken, in eine feuerfeste Terrine füllen und abkühlen lassen.
4. Den Backofen auf 175 °C vorheizen. Den Nudelteig etwa 2 mm dick ausrollen und entsprechend der Terrinengröße so ausschneiden, daß der Teig über den Rand geklappt werden kann. Den Teig auf die Terrine geben, dabei den äußeren Teigrand mit etwas Wasser anfeuchten, damit der Teig an der Terrine haften bleibt. Das Ganze in den Ofen geben und etwa 25 Minuten backen.

Nudeleintopf mit Garnelen

Zubereitungszeit
ca. 1 Std.

Zutaten für 4 Personen

250 g grüne Bohnen
1 Karotte
300 g Wirsing
300 g Brokkoli
100 g Staudensellerie
1 Knoblauchzehe
1 EL Öl
1 EL Butter
125 ml trockener Weißwein
400 ml Fischfond (aus dem Glas)
1/2 Liter Gemüsebrühe (aus Instantpulver)
2 frische Thymianzweige
400 g küchenfertiges Steinbeißer- oder Kabeljaufilet
2 EL Zitronensaft
250 g Eiernudeln
Salz
200 g Kirschtomaten
100 g tiefgekühlte Garnelen
weißer Pfeffer aus der Mühle
Salz

So wird's gemacht

1. Das Gemüse waschen und putzen. Bohnen in Stücke schneiden, Karotte in Scheiben und Wirsing in grobe Stücke schneiden, Brokkoli in Röschen teilen sowie Staudensellerie in Stückchen schneiden. Den Knoblauch schälen und fein hacken.
2. Das Öl und die Butter in einem großen Topf erhitzen und das Gemüse nacheinander hineingeben und gut andünsten. Den Knoblauch untermischen und alles mit Wein, Fischfond und Gemüsebrühe auffüllen. Die Thymianzweige darauflegen und das Gemüse zugedeckt 25 Minuten köcheln lassen.
3. Den Fisch kalt abspülen, in Würfel schneiden und mit Zitronensaft beträufeln. Die Nudeln in reichlich Salzwasser bißfest garen, abgießen und warmstellen. Nach 25 Minuten Garzeit die Kirschtomaten, die Fischstücke und die Garnelen in die Suppe geben und bei kleinster Hitze 10 Minuten ziehen lassen. Dann die Nudeln untermengen und den Eintopf mit Pfeffer und Salz abschmecken.

Bohnensuppe mit Nudeln

Zubereitungszeit
ca. 2 Std.
Zeit zum Einweichen
ca. 12 Std.

Zutaten für 4 Personen

200 g getrocknete weiße Bohnen
80 g durchwachsener Räucherspeck
1 Zwiebel, 1 Karotte, 1 Tomate
1 Stange Staudensellerie
1 EL Olivenöl
1 1/2 Liter klare Fleischbrühe (aus Instantpulver)
schwarzer Pfeffer aus der Mühle
160 g Hörnchennudeln (z.B. Buitoni Cellentani)
1 EL gehackte Petersilie
4 EL geriebener Parmesan

So wird's gemacht

1. Die Bohnen über Nacht in Wasser einweichen. Den Speck in Würfel schneiden, Zwiebel und Karotte schälen und fein würfeln. Tomate waschen, vom Stielansatz befreien und zerkleinern. Staudensellerie waschen, putzen und in Würfel schneiden.
2. Das Olivenöl erhitzen und den Speck darin glasig braten. Das Gemüse dazugeben, kurz mitbraten und die Bohnen hinzufügen.
3. Mit Fleischbrühe auffüllen, pfeffern und zugedeckt bei geringer Hitze etwa 1 1/2 Stunden köcheln lassen, dabei gelegentlich umrühren.
4. Etwa 10 Minuten vor Ende der Garzeit die Hörnchennudeln in sprudelndem Salzwasser bißfest kochen, auf ein Sieb geben, abtropfen lassen und zur Suppe geben. Alles noch einmal kurz erhitzen und vor dem Servieren mit Petersilie und Parmesan bestreuen.

Maultaschensuppe

Zubereitungszeit
ca. 1 Std.

Zutaten für 4 Personen

Weißer Nudelteig
(Rezept siehe Seite 12)
150 g gemischtes Hackfleisch
1 Ei
Salz
schwarzer Pfeffer aus der Mühle
100 g aufgetauter TK-Spinat
3–4 EL Semmelbrösel
1 Eiweiß
1 1/2 Liter Fleischbrühe
(aus Instantpulver)
1 Petersilienzweig zum Garnieren

So wird's gemacht

1. Einen weißen Nudelteig nach Rezeptanweisung von Seite 12 zubereiten. Den Teig zu einem Rechteck dünn ausrollen.
2. Das Hackfleisch in einer Schüssel mit dem Ei verrühren, salzen und pfeffern. Dann den Spinat zusammen mit den Semmelbröseln unterrühren und alles gut vermengen. Von der Füllung mit einem Eßlöffel kleine Häufchen nebeneinander auf eine Hälfte des Nudelrechtecks setzen.
3. Den Teig zwischen den Häufchen mit Eiweiß bestreichen, dann die freigebliebene Teighälfte vorsichtig auf die gefüllte überschlagen, den Teig zwischen den Füllungen andrücken und mit einem Teigrädchen quadratische Maultaschen mit 6 bis 7 cm Seitenlänge ausradeln.
4. Die Fleischbrühe in einem Topf zum Kochen bringen, dann die Hitze reduzieren, die Maultaschen in die Suppe geben und 20 Minuten garziehen lassen. Die Maultaschen in der heißen Suppe servieren und mit Petersilie garnieren.

Tip

Sie können Maultaschen auch fleischlos füllen, zum Beispiel mit feingehacktem Mangold und Ricotta (Frischkäse aus Schafsmilch). Für kompaktere Füllungen wie etwa Fleisch, Wurst, Gemüse und Quark rollen Sie den Teig messerrückendick aus, für feine Kräuter-Nuß-Käse-Füllungen nur halb so dick.

Fischsuppe mit bunten Nudeln

Zubereitungszeit
ca. 50 Min.

Zutaten für 4 Personen

Weißweinsauce
(Rezept siehe Seite 25)
150 g dünne bunte Nudeln
1 TL Olivenöl
4 kleine Langostinoschwänze
300 g Fischfilet (z.B. Heilbutt, Goldbarsch oder Zander)
1 Schalotte
1 Knoblauchzehe
1 EL Butter
1/8 Liter trockener Weißwein
250 g Sahne, 100 g Crème fraîche
Salz, Pfeffer
1 Msp. geriebene Muskatnuß

So wird's gemacht

1. Die Weißweinsauce nach Rezeptanweisung von Seite 25 zubereiten. Die Nudeln in sprudelndem Salzwasser bißfest kochen, kalt abschrecken und mit Olivenöl vermischen.
2. Die Langostinoschwänze seitlich zusammendrücken und das Fleisch aus dem Panzer schälen. Mit einem Messer am hinteren Ende einen Einschnitt setzen, den dunklen Darm entfernen und das Fleisch unter fließendem Wasser abspülen.
3. Die Fischfilets entgräten und in mundgerechte Stücke schneiden. Schalotte schälen und fein würfeln, Knoblauchzehe schälen und durchpressen.
4. Die Butter in einem Topf erhitzen und die Zwiebel und den Knoblauch darin anschwitzen. Die Fischstücke und die Langostinos dazugeben, mit Salz und Pfeffer würzen, mit Weißwein auffüllen und das Ganze aufkochen.
5. Den Fisch herausnehmen und warm stellen. Sahne und Crème fraîche einrühren, alles einmal aufkochen lassen und dann die Legierung hinzufügen. Die Suppe kräftig aufwallen lassen, nochmals abschmecken und die Nudeln darin erwärmen. Die Suppe zusammen mit den Fischstücken in vorgewärmten Tellern servieren.

Spaghetti, Tagliatelle & Co.

Was man in Italien schlicht als „Pasta“ bezeichnet, umfaßt eine ungeheure Vielzahl an Nudelsorten und den dazugehörigen verschiedenen Saucenvariationen. Jede Provinz bietet ihre eigenen Köstlichkeiten der mittlerweile auch bei uns sehr beliebten Teigwaren. Die Kombinationsmöglichkeiten sind angesichts der etwa 600 Nudelsorten und der von Region zu Region unterschiedlichen Saucenzutaten nahezu unendlich. Pasta zuzubereiten, wie die Italiener es tun, macht Spaß und bringt Abwechslung in den Speiseplan. Dabei können Sie sich entweder an die traditionellen Rezepte halten oder phantasievoll eine eigene Sauce kreieren.

Spaghetti mit Tomaten und Basilikum

Zubereitungszeit
ca. 25 Min.

Zutaten für 4 Personen

700 g vollreife Eiertomaten oder
1 große Dose geschälte Tomaten
(ca. 800 g)
2 EL Olivenöl
Salz
schwarzer Pfeffer aus der Mühle
500 g Spaghetti
(z.B. von Buitoni)
8 Basilikumblätter
4 EL frisch geriebener Parmesan
einige Basilikumblätter
zum Garnieren

So wird's gemacht

1. Die Tomaten überkreuz einritzen, mit kochend heißem Wasser überbrühen, vom Stielansatz befreien, enthäuten, entkernen und das Fruchtfleisch fein würfeln. Die Tomaten aus der Dose mit einem Passiergerät pürieren. Das Öl in einer Kasserolle erhitzen und die Tomatenwürfel darin 8 bis 10 Minuten offen köcheln lassen. Die Sauce mit Salz und Pfeffer abschmecken.
2. Inzwischen die Spaghetti in reichlich sprudelndem Salzwasser bißfest kochen, auf ein Sieb schütten und abtropfen lassen. Basilikumblätter in feine Streifen schneiden.
3. Die Spaghetti in einer Schüssel mit der Tomatensauce vermengen. Die Basilikumstreifen unterheben und das Gericht vor dem Servieren mit Parmesan bestreuen und mit Basilikum garnieren.

Tip

Dieses schnelle Spaghettigericht schmeckt vor allem an heißen Sommertagen sehr erfrischend, da die Tomaten kaum gekocht sind. Sie können die Tomaten aber auch zusammen mit 1 feingehackten Zwiebel und 1 durchgepreßten Knoblauchzehe 30 Minuten lang offen köcheln lassen. Dann erhalten Sie eine sämige Tomatensauce.

Spaghetti mit Käsesauce

Zubereitungszeit
ca. 30 Min.

Zutaten für 4 Personen

1 EL Butter
100 g gekochter Schinken
2 große oder 3 kleine Eier
125 g Sahne
100 g geriebener Sbrinz
(Schweizer Hartkäse
mit 45% F.i.Tr.)
600 g Spaghetti
1 TL Salz
1 EL Öl
3 EL Butter
1 Prise Salz
2 frische Zweige Majoran

So wird's gemacht

1. Die Butter in einer beschichteten Pfanne erhitzen, den Schinken fein würfeln und in der Butter rundherum anbraten. Dann beiseite stellen.
2. Die Eier mit der Sahne gut verquirlen, in eine Pfanne geben und unter ständigem Rühren erhitzen, bis eine dickflüssige Masse entsteht. Die Hälfte des geriebenen Sbrinz dazugeben und unter Rühren darin schmelzen. Dann die Schinkenwürfel untermischen und die Sauce warmstellen.
3. Die Spaghetti in 5 bis 6 Liter kochendes Salzwasser geben, das Öl hinzufügen und die Nudeln nach Packungsanweisung bißfest garen. Dann auf einSieb schütten und gut abtropfen lassen.
4. In einem Topf die Butter erhitzen, die abgetropften Spaghetti dazugeben und gut durchmischen.
5. Die Sauce mit Salz abschmecken, unter die Spaghetti mischen und das Ganze auf vorgewärmten Tellern anrichten.
6. Den Majoran waschen, trockentupfen, die Blättchen von den Stielen zupfen und grob hacken. Die Spaghettiportionen mit dem restlichen Sbrinz und dem Majoran bestreuen.

Spaghetti auf sizilianische Art

Zubereitungszeit
ca. 30 Min.
Zeit zum Durchziehen
ca. 1 Std.

Zutaten für 4 Personen

1 große Aubergine
Salz, 2 gelbe Paprikaschoten
400 g vollreife Eiertomaten
4 Sardellenfilets, 2 EL Kapern
12 entsteinte schwarze Oliven
3 Knoblauchzehen
10 Basilikumblätter
2 EL Olivenöl
schwarzer Pfeffer aus der Mühle
500 g Spaghetti (z.B. von Buitoni)
2 EL frisch geriebener Parmesan

So wird's gemacht

1. Die Aubergine waschen, den Stielansatz und das Ende wegschneiden und das Fruchtfleisch in etwa 1 cm dicke Scheiben schneiden. Die Scheiben auf einem großen Teller verteilen, mit Salz bestreuen, mit einem Holzschneidebrett beschweren und etwa 1 Stunde ziehen lassen.
2. Den Backofen auf höchste Stufe vorheizen. Die Paprikaschoten waschen, halbieren, entkernen und die Hälften im Ofen rösten, bis sich die Haut braun färbt. Die Hälften enthäuten und in Streifen schneiden. Die Auberginenscheiben kalt abspülen und würfeln.
3. Die Tomaten überkreuz einritzen, mit kochend heißem Wasser überbrühen, vom Stielansatz befreien, enthäuten, entkernen und das Fruchtfleisch fein würfeln. Die Sardellenfilets und die Kapern fein hacken, große Oliven kleinschneiden. Die Knoblauchzehen schälen und fein hacken, das Basilikum in Streifen schneiden.
4. Das Öl in einer Kasserolle erhitzen, Knoblauch, Sardellen, Auberginen- sowie Tomatenwürfel darin etwa 10 Minuten andünsten. Dann Paprikawürfel, Kapern, Oliven und Basilikum zur Sauce geben und diese zugedeckt etwa 15 Minuten köcheln lassen. Die Sauce eventuell mit etwas Wasser verdünnen und mit Salz und Pfeffer abschmecken.
5. Die Spaghetti in reichlich sprudelndem Salzwasser bißfest kochen, auf ein Sieb geben und abtropfen lassen. Dann in einer großen Schüssel mit der heißen Sauce vermengen und mit Parmesan bestreuen. Sofort servieren.

Spaghetti mit Zitronensauce

Zubereitungszeit
ca. 25 Min.

Zutaten für 4 Personen

4 Frühlingszwiebeln
1 unbehandelte Zitrone
3 EL Butter
4 EL trockener Sherry
125 g Crème fraîche
2–3 EL Zitronensaft
Salz
schwarzer Pfeffer aus der Mühle
500 g Spaghetti (z.B. von Buitoni)
2 EL feingehackter Dill
1 EL feingehackte Zitronenmelisse
4 EL frisch geriebener Parmesan
2 Zweige Zitronenmelisse und
1 Zweig Dill zum Garnieren

So wird's gemacht

1. Die Frühlingszwiebeln waschen, putzen, das Grüne abschneiden und den Rest fein schneiden. Von der Zitrone die Schale fein abreiben, dabei darauf achten, daß das Weiße nicht mitabgerieben wird.
2. Die Butter in einem Topf erhitzen und die Frühlingszwiebeln darin andünsten. Dann Zitronenschale, Sherry und Crème fraîche unterrühren und die Sauce etwa 5 Minuten leicht köcheln lassen. Die Sauce mit Zitronensaft, Salz und Pfeffer abschmecken.
3. Die Spaghetti in reichlich sprudelndem Salzwasser bißfest garen, auf ein Sieb schütten und abtropfen lassen. In einer großen Schüssel mit der Sauce und den Kräutern vermengen. Das Gericht mit Parmesan bestreuen und mit Zitronenmelisse sowie Dill dekorieren.

Spaghetti mit Orangensauce

Zubereitungszeit
ca. 25 Min.

Zutaten für 4 Personen

500 g extra lange Spaghetti
125 g französische Salami
Saft von 4 Orangen
6 EL Butter
Salz
Pfeffer

So wird's gemacht

1. Die Spaghetti in reichlich sprudelndem Salzwasser bißfest garen. Inzwischen die Salami dünn schneiden. Den Orangensaft in einem kleinen Topf sirupartig einkochen lassen und leicht salzen.
2. Die Spaghetti auf ein Sieb schütten, abtropfen lassen, mit der Hälfte der Butter in einem Topf schwenken, mit Pfeffer und Salz abschmecken und auf vorgewärmten Tellern verteilen.
3. Die Orangensauce aufkochen lassen, den Topf vom Herd nehmen und die restliche Butter einrühren. Die Sauce zu den Spaghetti geben und die Salamischeiben anlegen.

(auf dem Foto: unten)

Tip

Sollten Sie für dieses Gericht keine französische Salami bekommen, achten Sie bei der Wahl einer anderen Sorte darauf, daß die Wurst luftgetrocknet ist.

Variation

Sehr gut schmecken die Spaghetti mit Orangensauce auch, wenn Sie anstatt der Salami hauchdünn geschnittenen Parmaschinken verwenden.

Spaghetti mit Gorgonzola

Zubereitungszeit
ca. 25 Min.

Zutaten für 4 Personen
Weißweinsauce
(Rezept siehe Seite 25)
500 g extra lange Spaghetti
150 g Gorgonzola
100 g Sahne, Salz, Pfeffer

So wird's gemacht

1. Die Weißweinsauce nach Rezeptanweisung von Seite 25 zubereiten. Die Spaghetti in reichlich sprudelndem Salzwasser garen.
2. In der Zwischenzeit den Gorgonzola entrinden und in kleine Stücke schneiden, dabei 4 Stücke für die Dekoration beiseite legen. Die Sahne in einem kleinen Topf erhitzen und den Käse darin langsam bei milder Hitze schmelzen lassen. Die Sauce mit Salz und Pfeffer abschmecken.
3. Die Spaghetti auf ein Sieb geben, kalt abschrecken, abtropfen lassen, würzen und in wenig Butter schwenken. Die Gorgonzolasauce aufkochen lassen, die Weißweinsauce einrühren, das Ganze nochmals erhitzen und nachwürzen.
4. Die Spaghetti auf Tellern anrichten. Die Sauce darübergeben und die Teller mit je einem Gorgonzolastückchen dekorieren.

(auf dem Foto: oben)

Variation

Die Gorgonzolasauce schmeckt auch lecker, wenn Sie zum Schluß noch 150 g feingeschnittenen Blattspinat hinzufügen und kurz mitgaren. Den Spinat vor dem Dazugeben etwa 1 Minute blanchieren.

Spaghettini mit Bohnenpüree

Zubereitungszeit
ca. 30 Min.

Zutaten für 4 Personen

600 g dicke Bohnen
Salz
150 g Parmaschinken in ½ cm dicken Scheiben
150 g Mozzarella (z.B. Zottarella)
2 Stengel Basilikum
3 EL kaltgepreßtes Olivenöl
125 g Crème double
schwarzer Pfeffer aus der Mühle
300 g Spaghettini
einige Basilikumblätter zum Garnieren

So wird's gemacht

1. Die Bohnen in kochendem Salzwasser etwa 5 Minuten garen. Schinken und Mozzarella fein würfeln. Das Basilikum waschen, trockenschleudern und die Blätter von den Stengeln zupfen.
2. Die Bohnen abgießen, die Bohnenkerne aus der Haut drücken und zusammen mit 4 Eßlöffeln Kochwasser und dem Basilikum mit einem Passiergerät pürieren. 2 Eßlöffel Olivenöl sowie die Crème double unter das Bohnenpüree rühren und das Ganze pfeffern und salzen.
3. Die Spaghettini in reichlich sprudelndem Salzwasser bißfest garen, auf ein Sieb geben, abtropfen lassen und im restlichen Öl schwenken. Das Bohnenpüree in einem kleinen Topf nochmals erhitzen.
4. Die Spaghettini auf vorgewärmten Tellern verteilen, jeweils einen Schöpflöffel Bohnenpüree darübergeben und dieses mit Schinken- und Mozzarellawürfeln bestreuen. Jeden Teller mit einem Basilikumblatt garnieren.

Tip

Reichen Sie zu diesem Gericht einen herzhaften Tomatensalat mit einem Dressing aus Balsamico-Essig und Olivenöl. Dazu paßt ein trockener Weißwein.

Spaghetti mit Tomaten und Mozzarella

Zubereitungszeit
ca. 25 Min.

Zutaten für 4 Personen

5 große reife Fleischtomaten
(ca. 1,5 kg)
2 Schalotten
1 kleines Stück frische rote Pfefferschote
Salz
Pfeffer aus der Mühle
6 EL kaltgepreßtes Olivenöl
12 Basilikumblätter
200 g Mozzarella (z.B. Zottarella)
500 g Spaghetti

So wird's gemacht

1. Die Tomaten überkreuz einritzen, mit kochend heißem Wasser überbrühen, enthäuten, entkernen und das Fruchtfleisch fein würfeln. Die Schalotten schälen und in kleine Würfel schneiden. Die Pfefferschote und das Basilikum in Streifen schneiden.
2. Die Tomatenwürfel in einer großen Schüssel mit Schalotten, Pfefferschote sowie Basilikum vermischen und mit Salz und Pfeffer abschmecken. Dann das Olivenöl hinzugeben und gut vermengen. Den Mozzarella würfeln.
3. Die Spaghetti in reichlich sprudelndem Salzwasser bißfest garen, auf ein Sieb schütten und gut abtropfen lassen. Die Nudeln zu den marinierten Tomaten geben, die Mozzarellawürfel hinzufügen, alles vermischen und sofort servieren.

Variation

Sie können das Gericht auch überbacken: Den Backofen auf 200 °C vorheizen. Die feingehackten Tomaten zusammen mit Schalotten und Pfefferschote in 4 Eßlöffeln Olivenöl im offenen Topf bei geringer Hitze etwa 2 Minuten dünsten. Die Basilikumblätter zerrupfen und einige Sekunden mitdünsten. Die abgetropften Spaghetti in eine feuerfeste Schüssel geben. Die Tomaten sowie das restliche Olivenöl dazugeben und alles gründlich vermengen. Den Mozzarella in ganz feine Scheiben schneiden und auf dem Tomaten-Spaghetti-Gemisch verteilen. Das Ganze in den Ofen geben und kurz überbacken, bis der Käse vollständig geschmolzen ist.

Spaghetti alla carbonara

Zubereitungszeit
ca. 20 Min.

Zutaten für 4 Personen

500 g Spaghetti
(z.B. von Buitoni)
150 g durchwachsener Räucherspeck
1 EL Olivenöl
1 Knoblauchzehe
1/8 Liter trockener Weißwein
4 Eier
2 EL Sahne
3 EL frisch geriebener Parmesan
3 EL frisch geriebener Pecorino
Salz
schwarzer Pfeffer aus der Mühle
1 EL gehackte Petersilie

So wird's gemacht

1. Die Spaghetti in reichlich sprudelndem Salzwasser bißfest garen. Inzwischen den Speck fein würfeln und die Knoblauchzehe schälen.
2. Das Öl in einem Topf zusammen mit der Knoblauchzehe erhitzen und die Speckwürfel darin knusprig braun braten. Knoblauchzehe herausnehmen, mit Weißwein ablöschen und simmern lassen.
3. In einer Schüssel die Eier mit Sahne, Käse, Salz und Pfeffer gründlich verquirlen.
4. Die Spaghetti auf ein Sieb schütten, gut abtropfen lassen und etwas Nudelkochwasser aufheben. Die Nudeln in eine Schüssel geben und das Eier-Käse-Gemisch unterrühren. Den Speck und etwas Nudelkochwasser hinzufügen, alles gründlich vermischen und mit Petersilie bestreuen.

Tip

Die Spaghetti müssen gleich nach dem Abtropfen mit dem Eier-Käse-Gemisch vermengt werden. Da sie kochendheiß sind, stocken die Eier sofort, werden aber nicht flockig. Die Schüssel, in der Sie das Ganze vermischen, sollte gut vorgewärmt sein.

Variationen

Neben dem Räucherspeck können Sie zusätzlich noch 50 g gewürfelten, gekochten Schinken im Olivenöl knusprig braten. Das macht die Sauce gehaltvoller. In manchen Gegenden Italiens nimmt man für dieses Gericht anstelle von 4 ganzen Eiern 3 Eigelbe und 3 Eier, um weniger Eiweiß in der Sauce zu haben.

Spaghetti nach Art der leichten Mädchen

Zubereitungszeit
ca. 20 Min.

Zutaten für 4 Personen
3 Knoblauchzehen
120 g entsteinte schwarze Oliven
4 EL Kapern
3 Sardellenfilets
1 Bund Petersilie
400 g vollreife Tomaten
3 EL Olivenöl, 5 EL Butter
500 g Spaghetti (z.B. von Buitoni)
Salz, Pfeffer aus der Mühle

So wird's gemacht

1. Den Knoblauch schälen und fein hacken. Große Oliven halbieren und die Kapern grob hacken. Die Sardellenfilets waschen, entgräten und fein hacken. Die Petersilie waschen und fein hacken. Die Tomaten überkreuz einritzen, mit kochend heißem Wasser überbrühen, enthäuten, entkernen und das Fruchtfleisch fein würfeln.
2. Das Öl und die Butter in einem Topf erhitzen. Den Knoblauch anbraten, die Sardellenfilets hinzufügen und mit einer Gabel zerdrücken. Die Tomatenwürfel untermischen und bei geringer Hitze etwa 10 Minuten köcheln lassen.
3. Oliven und Kapern dazugeben und die Sauce nochmals 10 Minuten kochen, dabei öfter umrühren, etwas salzen. In der Zwischenzeit die Spaghetti in reichlich sprudelndem Salzwasser bißfest garen, dann auf ein Sieb schütten, abtropfen lassen und in eine Schüssel geben. Die Sauce darübergeben und das Ganze mit frisch gemahlenem Pfeffer und Petersilie bestreuen.

Spaghetti al Pesto

Zubereitungszeit
ca. 15 Min.
Zeit zum Ruhen
ca. 1 Std.

Zutaten für 4 Personen

100 g frische Basilikumblätter
2 EL Pinienkerne
2 geschälte Knoblauchzehen
6 EL kaltgepreßtes Olivenöl
3 EL frisch geriebener Pecorino
3 EL frisch geriebener Parmesan
Salz, Pfeffer aus der Mühle
500 g Spaghetti
etwas geriebener Pecorino

So wird's gemacht

1. Die Basilikumblätter zusammen mit den Pinienkernen, den Knoblauchzehen und etwas Olivenöl in einem Mixer zu einem Mus verarbeiten.
2. Unter ständigem Rühren im Mixer abwechselnd 1 Eßlöffel der beiden Käsesorten, dann 1 Eßlöffel Öl hinzufügen. Diesen Vorgang so oft wiederholen, bis das ganze Öl und die beiden Käsesorten aufgebraucht sind.
3. Den Pesto mit Salz und Pfeffer würzen, in eine Schüssel füllen und mindestens 1 Stunde ruhen lassen. Die Spaghetti in reichlich sprudelndem Salzwasser bißfest garen, auf ein Sieb schütten und gut abtropfen lassen. Inzwischen den Pesto im Wasserbad erwärmen, etwas Nudelkochwasser abschöpfen und damit den Pesto verdünnen.
4. In einer großen Schüssel die Spaghetti mit dem Pesto gründlich vermengen, bis jede einzelne Nudel mit der Sauce bedeckt ist. Etwas geriebenen Pecorino separat dazu reichen.

(auf dem Foto: oben links)

Rigatoni mit Hackfleischsauce

Zubereitungszeit
ca. 25 Min.

Zutaten für 4 Personen

3–4 EL Olivenöl
300 g Rinderhackfleisch
2 frische rote Pfefferschoten
40 g frische Ingwerwurzel
1 TL Speisestärke
1 EL trockener Sherry
3 durchgepreßte Knoblauchzehen
1–2 EL süße Sojasauce
1 Prise Zucker
150 ml Brühe (aus Instantpulver)
400 g geschälte Tomaten
2 EL Kerbelblättchen
100 g Sojasprossen (aus dem Glas)
Salz, Pfeffer, 500 g Rigatoni
1 EL grobgehackte Petersilie

So wird's gemacht

1. Olivenöl erhitzen, Hackfleisch darin kräftig anbraten. Pfefferschoten in Ringe schneiden, Ingwer schälen und in feine Streifen schneiden.
2. Die Speisestärke mit Sherry verrühren und zusammen mit Knoblauch, Pfefferschoten, Ingwer, Zucker, Sojasauce und Fleischbrühe zum Hackfleisch geben. Kurz durchkochen lassen, die Tomaten durch ein Sieb passieren und dazugeben. Die Kerbelblättchen und die Sojasprossen hinzufügen, die Sauce mit Salz und Pfeffer abschmecken und bei milder Hitze offen köcheln lassen.
3. Rigatoni in Salzwasser bißfest garen, auf ein Sieb schütten und gut abtropfen lassen. Die Nudeln auf Teller verteilen und jeweils zusammen mit Sauce servieren. Jede Portion mit Petersilie bestreuen.

(auf dem Foto: oben rechts)

Spiralnudeln mit Käse-Nuß-Sauce

Zubereitungszeit
ca. 15 Min.

Zutaten für 4 Personen

500 g Spiralnudeln
1 mittelgroße Zwiebel
2 EL Butter
100 ml Milch
100 ml Gemüsebrühe
150 g Blauschimmelkäse
100 g geriebener Gouda
200 g Frischkäse
Salz, Pfeffer
etwas Zitronensaft
30 g grob gehackte Walnüsse

So wird's gemacht

1. Reichlich Salzwasser zum Kochen bringen und die Nudeln darin bißfest garen. Inzwischen die Zwiebel schälen, fein würfeln und in zerlassener Butter andünsten.
2. Die Milch und die Brühe zu den Zwiebeln geben und das Ganze etwa 5 Minuten einkochen lassen. Den Blauschimmelkäse mit einer Gabel zerdrücken und zusammen mit dem Gouda und dem Frischkäse in die Sauce geben und darin schmelzen lassen.
3. Die Sauce mit Salz, Pfeffer und Zitronensaft abschmecken und dann die Walnüsse unterrühren. Die Nudeln in einem Sieb gut abtropfen lassen, in eine Schüssel geben und darin mit der Sauce vermischen.

(auf dem Foto: unten)

Spaghetti mit Salbei-Schinken-Sauce

Zubereitungszeit
ca. 25 Min.

Zutaten für 4 Personen

500 g Spaghetti
150 g gekochter Schinken
100 g Butter
8 frische Salbeiblätter
1 Ecke Schmelzkäse
(z.B. von Milkana)
1 Msp. geriebene Muskatnuß
4 EL frisch geriebener Parmesan

So wird's gemacht

1. Die Spaghetti in reichlich sprudelndem Salzwasser bißfest garen. Inzwischen den Schinken fein würfeln. Die Butter in einem Topf bei milder Hitze schmelzen.
2. Die Salbeiblätter mit einem feuchten Tuch abwischen und in die heiße Butter geben. Den Schmelzkäse hinzufügen und unter ständigem Rühren auflösen. Die Sauce mit Muskatnuß würzen und die Schinkenwürfel darin erhitzen.
3. Die Spaghetti auf ein Sieb schütten, abtropfen lassen und auf vorgewärmten Tellern verteilen. Auf jeden Spaghettiteller etwas Sauce geben und den geriebenen Parmesan darüberstreuen.

Tip

Beim Originalgericht werden als Sauce nur in Butter gedünstete Salbeiblätter verwendet, zum Schluß streut man dann reichlich geriebenen Parmesan darüber. Am besten schmeckt diese norditalienische Spezialität mit frischen, selbstgemachten Ravioli.

Spaghettini mit Pfifferlingen

Zubereitungszeit
ca. 20 Min.

Zutaten für 4 Personen

500 g frische Pfifferlinge
1 Zwiebel
1 Knoblauchzehe
50 g Butter
Salz
Pfeffer
500 g Spaghettini
(z.B. von Buitoni)
1 Bund kleingehackte Petersilie

So wird's gemacht

1. Die Pfifferlinge putzen, gut waschen und kleinschneiden. Die Zwiebel schälen und fein hacken. Die Knoblauchzehe schälen.
2. Die Butter in einer Pfanne erhitzen und die Zwiebelwürfel darin glasig dünsten. Die Pilze hinzufügen und anbraten. Die Knoblauchzehe in die Pfanne pressen und unterrühren. Die Pilze salzen und pfeffern, 2 Eßlöffel Wasser dazugeben und das Ganze bei milder Hitze gar dünsten.
3. Die Spaghettini in reichlich sprudelndem Salzwasser bißfest garen, auf ein Sieb schütten und gut abtropfen lassen. In einer großen Schüssel die Nudeln mit den Pfifferlingen vermischen und vor dem Servieren mit Petersilie bestreuen.

Variation

Etwas teurer, aber dafür noch delikater wird dieses Gericht, wenn Sie anstatt der Pfifferlinge 200 g Steinpilze verwenden. Um die Sauce sämiger zu machen, löschen Sie die gedünsteten Pilze mit 1/8 Liter Gemüsebrühe ab und rühren zum Schluß noch 1/8 Liter Sahne darunter.

Spaghetti mit scharfer Tomatensauce

Zubereitungszeit
ca. 30 Min.

Zutaten für 4 Personen
700 g Eiertomaten
Salz
2 Knoblauchzehen
1 rote Pfefferschote
10 Blätter Basilikum
schwarzer Pfeffer aus der Mühle
500 g Spaghetti
3 EL Olivenöl
50 g frisch geriebener Parmesan

So wird's gemacht

1. Die Tomaten überkreuz einritzen, mit kochend heißem Wasser überbrühen, enthäuten, entkernen und das Fruchtfleisch fein würfeln. Die Tomaten mit 50 Milliliter Wasser verrühren und salzen.
2. Den Knoblauch schälen und fein hacken. Die Pfefferschote in kleine Stücke schneiden. Beides zusammen mit der Hälfte der Basilikumblätter zu den Tomaten geben. Das Ganze erhitzen und bei geringer Hitze etwa 30 Minuten köcheln lassen.
3. Inzwischen die Spaghetti in reichlich sprudelndem Salzwasser bißfest garen, auf ein Sieb schütten, abtropfen lassen und in eine Schüssel füllen.
4. Dann die Sauce darauf verteilen. Das Olivenöl darübergießen und alles mit Parmesan bestreuen. Mit den restlichen Basilikumblättern verzieren.

(auf dem Foto: oben)

Tip

Bei heißen Gerichten ist es von Vorteil, immer vorgewärmte Teller zu verwenden. Am besten kann man Teller im Backofen bei etwa 100 °C erwärmen. Sie können die Teller aber auch in heißem Wasser erwärmen. Dafür die Teller einige Minuten in heißes Wasser stellen und anschließend rasch abtrocknen.

Variation

Sehr fein schmecken auch Spaghetti mit Artischocken. Von 8 kleinen, jungen Artischocken die Stiele abbrechen und die harten Blätter und Blattspitzen entfernen. Die Herzen und die verbliebenen Blätter längs in dünne Scheiben schneiden und sofort in Zitronenwasser legen. 5 Eßlöffel Olivenöl erhitzen und 1 feingehackte Zwiebel sowie 4 feingehackte Knoblauchzehen darin andünsten. Die tropfnassen Artischocken hinzufügen, das Ganze mit 1/8 Liter trockenem Weißwein ablöschen und zugedeckt bei geringer Hitze 15 Minuten garen lassen. Dann 1 Eßlöffel gehackte Pfefferminze sowie 1/2 Liter Sahne hinzufügen. Die Sauce pfeffern, salzen und nochmals 5 Minuten köcheln lassen. 500 g Spaghetti in reichlich kochendem Salzwasser bißfest garen, abtropfen lassen, in eine vorgewärmten Schüssel füllen und mit 3 Eßlöffeln Butter und den Artischocken vermischen, mit 5 Eßlöffeln frisch geriebenem Parmesan bestreuen und sofort servieren.

Penne feurig-scharf

Zubereitungszeit
ca. 40 Min.

Zutaten für 4 Personen
700 g Eiertomaten oder
800 g geschälte Tomaten
(aus der Dose)
2 Knoblauchzehen
1 Zwiebel
1 rote Pfefferschote
1/2 Bund Petersilie
4 EL Olivenöl
Salz
500 g gerillte Penne

So wird's gemacht

1. Die Tomaten überkreuz einritzen, mit kochend heißem Wasser überbrühen, enthäuten, entkernen und das Fruchtfleisch fein würfeln bzw. die Tomaten aus der Dose durch ein Sieb in eine Schüssel passieren. Den Knoblauch und die Zwiebel schälen und jeweils fein hacken. Die Pfefferschote in kleine Stücke schneiden. Die Petersilie waschen, trockenschleudern und fein hacken.
2. Das Olivenöl in einem Topf erhitzen und die Zwiebel und den Knoblauch darin leicht anbraten. Die Tomaten und die Pfefferschoten hinzufügen, das Ganze salzen und umrühren.
3. Die Sauce im offenen Topf bei geringer Hitze 30 Minuten köcheln lassen, dabei öfters umrühren, bis das Tomatenwasser verdampft ist.
4. Inzwischen die Penne in reichlich sprudelndem Salzwasser bißfest garen, auf ein Sieb schütten, abtropfen lassen und in eine Schüssel füllen. Die Sauce darüber verteilen und mit Petersilie bestreuen.

(auf dem Foto: unten)

Spiralnudeln mit Nußsauce

Zubereitungszeit
ca. 15 Min.

Zutaten für 4 Personen

100 g geschälte Walnußkerne
je 1 Prise Zucker und Zimt
1 Prise geriebene Muskatnuß
Salz, 6 EL Olivenöl
2 EL Paniermehl
125 g Sahne
500 g Spiralnudeln
schwarzer Pfeffer aus der Mühle

So wird's gemacht

1. Die Walnußkerne im Mixer zerkleinern. Zucker, Zimt, Muskatnuß und Salz hinzufügen und das Ganze mit einigen Eßlöffeln Wasser zu einer glatten, geschmeidigen Masse verrühren.
2. Das Olivenöl in einer Pfanne erhitzen. Das Paniermehl darin anbräunen. Die Nußcreme und die Sahne dazugeben und 5 Minuten bei geringer Hitze köcheln lassen.
3. In der Zwischenzeit die Spiralnudeln in reichlich sprudelndem Salzwasser bißfest garen, auf ein Sieb schütten, abtropfen lassen und in eine Schüssel füllen. Die Sauce darüber verteilen und das Ganze mit frisch gemahlenem Pfeffer überstreuen.

(auf dem Foto: unten)

Tip

Die Nußsauce schmeckt noch feiner, wenn Sie die Walnüsse vor dem Zerkleinern in einem Sieb in kochendem Wasser 2 Minuten überbrühen und dann enthäuten. Die Walnüsse werden dadurch weicher und schmecken milder, da die Bitterstoffe hauptsächlich in der Haut enthalten sind.

Breite Bandnudeln nach Opa Antonio

Zubereitungszeit
ca. 30 Min.

Zutaten für 4 Personen

100 g geschälte Walnußkerne
100 g Pinienkerne
1/2 Knoblauchzehe
6 EL Olivenöl
4 EL frisch geriebener Parmesan
Salz, 400 g breite Bandnudeln
schwarzer Pfeffer aus der Mühle

So wird's gemacht

1. Die Walnußkerne zusammen mit den Pinienkernen in einer beschichteten Pfanne ohne Fettzugabe leicht anrösten. Danach im Mixer zerkleinern. Den Knoblauch schälen und im Mörser fein zerreiben.
2. Reichlich Salzwasser zum Kochen bringen. Inzwischen das Olivenöl erhitzen und die Nüsse sowie die Pinienkerne darin anrösten. Nach 5 Minuten den Parmesan hinzufügen, gut durchrühren, ein wenig Nudelkochwasser dazugeben und das Ganze salzen. Dann den Knoblauch einrühren.
3. Die Bandnudeln in das kochende Salzwasser geben und darin bißfest garen. Auf ein Sieb schütten, abtropfen lassen und in einer Schüssel mit der Sauce vermengen. Zum Schluß mit frisch geriebenem Pfeffer abschmecken.

(auf dem Foto: oben)

Tip

Bei Nudelsaucen, die nur wenig Flüssigkeit enthalten, läßt man die Nudeln nur ganz kurz abtropfen. Das verbliebene Wasser macht die Sauce etwas cremiger.

Bandnudeln mit Champignons und Speck

Zubereitungszeit
ca. 15 Min.

Zutaten für 4 Personen

50 g Frühstücksspeck
400 g Champignons
1 Knoblauchzehe
1 Bund Petersilie
100 g Butter
1/8 Liter Weißwein
Salz, Pfeffer
250 g gelbe Bandnudeln (z.B. von Buitoni)
250 g grüne Bandnudeln (z.B. von Buitoni)
4 EL frisch geriebener Parmesan

So wird's gemacht

1. Den Frühstücksspeck würfeln. Die Champignons putzen, kurz waschen und in Scheiben schneiden. Die Knoblauchzehe schälen und fein hacken. Die Petersilie waschen und hacken.
2. Die Butter in einem Topf erhitzen und den Speck darin anbraten. Den Knoblauch hinzufügen, kurz andünsten, dann die Champignons dazugeben. Die Pilze unter Rühren etwa 5 Minuten schmoren lassen, mit Weißwein ablöschen, salzen, pfeffern und die Petersilie unterrühren.
3. Die Bandnudeln in reichlich sprudelndem Salzwasser bißfest garen, auf ein Sieb schütten, abtropfen lassen und in eine Schüssel füllen. Die Pilze dazugeben, alles gut vermengen und vor dem Servieren mit Parmesan bestreuen.

Variation

Wenn Sie ein Saucen-Fan sind und Ihnen das Gericht zu trocken erscheint, bereiten Sie zusätzlich eine Parmesan-Sahne-Sauce zu. Hierfür erhitzen Sie in einem kleinen Topf 1 Eßlöffel Butter, rühren 4 Eßlöffel frisch geriebenen Parmesan ein und lassen ihn leicht anschwitzen. Dann gießen Sie 1/4 Liter Sahne an und rühren die Sauce bei milder Hitze mit einem Schneebesen so lange, bis sich der Käse aufgelöst hat, das dauert etwa 7 bis 10 Minuten. Zum Schluß schmecken Sie die Sauce mit Salz, Pfeffer und Muskatnuß ab.

Schmetterlingsnudeln mit Trüffel-Steinpilz-Sauce

Zubereitungszeit
ca. 20 Min.

Zutaten für 4 Personen

1 Zwiebel
200 g Steinpilze
1 EL Olivenöl
150 ml Gemüsebrühe
200 g Sahne
Salz
schwarzer Pfeffer aus der Mühle
500 g Schmetterlingsnudeln (z.B. von Buitoni)
10 g schwarze Trüffel
1 EL Marsala (sizilianischer Südwein)

So wird's gemacht

1. Die Zwiebel schälen und fein würfeln. Die Steinpilze putzen, mit einem feuchten Tuch abwischen und in kleine Stücke schneiden. Reichlich Salzwasser zum Kochen bringen.
2. Das Öl in einer Pfanne erhitzen und die Zwiebel darin glasig dünsten. Die Steinpilze hinzufügen, mitbraten, dann die Gemüsebrühe und die Sahne angießen und das Ganze aufkochen lassen. Die Pilze mit Salz und Pfeffer würzen und offen 4 bis 5 Minuten köcheln lassen.
3. Inzwischen die Schmetterlingsnudeln in das kochende Wasser geben und darin bißfest garen. Die Trüffel in sehr feine Streifen schneiden, zu den Pilzen geben und die Sauce mit Marsala verfeinern.
4. Die Nudeln abtropfen lassen, in einer Schüssel mit der Trüffel-Steinpilz-Sauce vermengen und sofort servieren.

Tip

Schwarze Trüffeln erhalten Sie in Feinkostläden frisch oder aus der Dose. Erntezeit ist November bis März. Schwarze Trüffeln werden mitgedünstet oder zum Aromatisieren der Saucen verwendet. Weiße Trüffeln, vorzugsweise aus Alba im Piemont, werden dagegen im letzten Augenblick roh über das Gericht gehobelt, wobei sie erst ihren vollen Duft entfalten. Frische Trüffel müssen vor ihrer Verwendung mit einer feinen Bürste geputzt werden. Wenn Sie keine Trüffel bekommen, können Sie das nebenstehende Rezept auch ohne die teuren Knollen zubereiten.

Grüne Tortellini mit vier Käsesorten

Zubereitungszeit
ca. 35 Min.

Zutaten für 4 Personen

500 g frische grüne Tortellini
(z.B. Fresco Tortelloni von Buitoni)
8 Walnußkerne
1–2 EL Butter
2 EL trockener Weißwein
50 g frisch geriebener Parmesan
50 g frisch geriebener Emmentaler
50 g frisch geriebener Provolone
50 g frisch geriebener Fontina
125 g Sahne
Salz
schwarzer Pfeffer aus der Mühle
1 Prise geriebene Muskatnuß

So wird's gemacht:

1. Reichlich Salzwasser zum Kochen bringen und die Tortellini darin bißfest garen. In der Zwischenzeit für die Sauce die Walnußkerne fein hacken. Etwa 1 Eßlöffel gehackte Nüsse für die Dekoration zurückbehalten. Die Butter in einem Topf zerlassen und die Walnüsse darin kurz anrösten, dann mit dem Weißwein ablöschen.
2. Die vier Käsesorten unter Rühren in den Topf geben. Die Sahne angießen und bei milder Hitze so lange rühren, bis alles zu einer glatten Creme verschmolzen ist. Die Käsesauce mit Salz, Pfeffer und Muskatnuß abschmecken.
3. Die Tortellini auf einem Sieb abtropfen lassen und auf Tellern verteilen. Auf jede Portion gleichmäßig die Sauce geben und kleingehackte Walnüsse darüberstreuen.

Variation

Wenn Sie keinen Provolone bekommen können, können Sie ersatzweise auch mittelalten geriebenen Gouda verwenden. Noch sahniger schmeckt die Sauce, wenn Sie zusätzlich 50 g vollreifen, kleingeschnittenen Gorgonzola hinzufügen. Die Käsesauce paßt auch gut zu anderen Nudelsorten.

Rigatoni mit Parmaschinken

Zubereitungszeit
ca. 30 Min.

Zutaten für 4 Personen
400 g Rigatoni
1 TL Öl
2 Schalotten oder 1 kleine Zwiebel
200 g Parmaschinken
3 EL Olivenöl
1 gelbe oder rote Paprikaschote
300 g Frischkäse mit Knoblauch (z.B. von Bresso)
200 g Sahne
2 EL feingehackter Thymian
Pfeffer aus der Mühle, Salz
Thymianblättchen zum Garnieren

So wird's gemacht

1. Die Rigatoni in etwa 4 Liter kochendes Salzwasser geben, das Öl hinzufügen und die Nudeln nach Packungsanweisung bißfest garen.
2. Inzwischen die Schalotten oder die Zwiebel schälen und fein würfeln. Die Paprikaschote waschen, die Kerne sowie die weißen Innenwände entfernen und in Streifen schneiden. Den Parmaschinken ebenfalls in feine Streifen schneiden.
3. Das Olivenöl in einer Kasserolle erhitzen und die Schalotten- oder Zwiebelwürfel darin glasig dünsten. Die Paprikastreifen hinzufügen und 3 Minuten bei mittlerer Hitze mitdünsten. Dann den Frischkäse und die Sahne unterrühren und alles bei schwacher Hitze etwas einkochen lassen.
4. Die Schinkenstreifen und den Thymian zur Sauce geben und sie mit Pfeffer und Salz abschmecken. Die Rigatoni gut abtropfen lassen und unter die Sauce heben. Alles mit Thymianblättchen garnieren.

Bandnudeln mit Kräutern

Zubereitungszeit
ca. 15 Min.

Zutaten für 4 Personen

500 g Bandnudeln
(z.B. von 3 GLOCKEN)
1 Bund Frühlingszwiebeln
2 Knoblauchzehen
8 EL Olivenöl
1 TL frisch gehackter Majoran
1 TL frisch gehacktes Basilikum
1 TL frisch gehackte Petersilie
1 TL frisch gehackter Estragon
1 TL frisch gehackter Schnittlauch
1 TL frisch gehackte Zitronenmelisse, Salz, Pfeffer
4 EL frisch geriebener Parmesan
200 g Kirschtomaten

So wird's gemacht

1. Reichlich Salzwasser zum Kochen bringen und die Bandnudeln darin bißfest garen. Die Frühlingszwiebeln putzen, waschen und das Weiße (das Grüne nicht verwenden) in feine Scheiben schneiden. Den Knoblauch schälen und fein würfeln.
2. Das Öl in einer großen Pfanne erhitzen und die Frühlingszwiebeln und den Knoblauch darin glasig dünsten. Die Nudeln auf ein Sieb schütten, abtropfen lassen und ebenfalls in die Pfanne geben.
3. Das Ganze erwärmen und dann die frischen Kräuter gründlich untermischen. Das Gericht mit Salz und Pfeffer abschmecken, mit Parmesan bestreuen und auf Tellern verteilen. Die Kirschtomaten waschen, in Scheiben schneiden und die Teller damit garnieren.

Variation

Sehr beliebt sind in Italien Spaghetti mit Knoblauch, Petersilie und Peperoni. Hierfür 500 g Spaghetti in reichlich kochendem Salzwasser bißfest garen. Inzwischen 8 Eßlöffel Olivenöl erhitzen, 8 feingehackte Knoblauchzehen darin gelb werden lassen und dann 1/2 Teelöffel Salz hinzufügen. Eine kleine, gewürfelte Pfefferschote dazugeben und andünsten. 1/2 Bund gehackte glatte Petersilie unterrühren. Die abgetropften Spaghetti in einer vorgewärmten Schüssel mit dem Knoblauchöl vermischen und vor dem Servieren mit frischem schwarzen Pfeffer bestreuen. Bei diesem Rezept können Sie anstelle der Petersilie auch frischen Oregano nehmen und das Gericht mit frisch geriebenem Parmesan bestreuen.

Salbeinudeln mit Austernpilzen

Zubereitungszeit
ca. 25 Min.

Zutaten für 4 Personen

500 g breite Nudeln
(z.B. „Ausgerädelte"
von 3 GLOCKEN)
1 Zwiebel
8 Salbeiblätter
500 g Austernpilze
2 EL Butter
125 g Sahne
Salz
schwarzer Pfeffer aus der Mühle
1 Thymianzweig
100 g Bündnerfleisch
4 EL frisch geriebener Parmesan
oder Pecorino

So wird's gemacht

1. Reichlich Salzwasser zum Kochen bringen und die Nudeln darin bißfest garen. Inzwischen die Zwiebel schälen und fein würfeln. Die Salbeiblätter mit einem feuchten Tuch abwischen und in Streifen schneiden. Die Austernpilze putzen, von harten Strunk befreien, mit einem feuchten Tuch abwischen und in mundgerechte Stücke schneiden.
2. Die Butter in einer großen Pfanne erhitzen und die Zwiebeln zusammen mit den Salbeistreifen darin andünsten. Die Austernpilze hinzufügen und etwa 5 Minuten andünsten. Dann die Sahne angießen, sie etwas einkochen lassen und das Ganze mit Salz und Pfeffer abschmecken. Vom Thymianzweig die Blättchen abzupfen und diese zu den Pilzen geben.
3. Die Nudeln auf einem Sieb abtropfen lassen und auf vorgewärmten Tellern verteilen. Die Austernpilze dazugeben. Das Bündnerfleisch in Streifen schneiden und jeweils anlegen. Alles mit Parmesan- oder Pecorinokäse bestreuen und sofort servieren.

Variation

Noch pikanter schmeckt das Gericht, wenn Sie 125 g gewürfelten durchwachsenen Speck zusammen mit den Zwiebeln anbraten und 500 g gehäutete, geviertelte und entkernte Tomaten zu den angedünsteten Austernpilzen geben. Lassen Sie dann aber die Sahne weg, sonst wird das Gericht zu gehaltvoll.

Rote Ravioli mit Walnußsauce

Zubereitungszeit
ca. 50 Min.

Zutaten für 4 Personen
Roter Nudelteig
(Rezept siehe Seite 13)
Weißweinsauce
(Rezept siehe Seite 25)
125 g gemahlene Walnüsse
100 g Sahne, 75 g Ricotta, 1 Eigelb
schwarzer Pfeffer aus der Mühle
1 Eiweiß, Salz, 2 EL Butter
Walnußhälften zum Dekorieren

So wird's gemacht

1. Roten Nudelteig nach Rezeptanweisung von Seite 13 zubereiten. Die Weißweinsauce nach Rezeptanweisung von Seite 25 zubereiten und im Wasserbad warmhalten. 100 g der Walnüsse mit etwa 3/4 der Sahne vermischen. Ricotta zerdrücken, Eigelb untermischen und mit Pfeffer würzen.
2. Nudelteig halbieren und dünn ausrollen. Auf die erste Hälfte im Abstand von 5 cm kleine Kleckse der Käsemasse verteilen und die Zwischenräume mit Eiweiß bepinseln. Die zweite Hälfte auflegen, andrücken und mit einem Teigrädchen Halbmonde ausschneiden. Alles so verarbeiten.
3. Reichlich Salzwasser zum Kochen bringen und die Ravioli darin etwa 5 Minuten garen, abgießen, würzen und in Butter schwenken.
4. Die Walnußsauce erhitzen, abschmecken, die Weißweinsauce dazugeben und das Ganze aufkochen. Die Ravioli zusammen mit der Sauce anrichten und einige Walnüsse dazulegen.

(auf dem Foto: oben)

Spätzle mit grünen Linsen

Zubereitungszeit
ca. 50 Min.

Zutaten für 4 Personen

125 g Linsen
250 g gesiebtes Weizenmehl
4 Eier, etwas Öl, 2 EL Butter
50 g gewürfeltes Dörrfleisch
1 kleine gewürfelte Zwiebel
Salz, Pfeffer
etwas geriebene Muskatnuß

So wird's gemacht

1. Die Linsen über Nacht in Wasser einweichen. Das Mehl mit den Eiern und 1 Eßlöffel Öl verrühren und das Ganze kräftig durcharbeiten, bis der Teig anfängt, Blasen zu werfen. Ist der Teig zu fest oder zu flüssig, Wasser oder Mehl hinzugeben. Er muß eine zähflüssige, geschmeidige Konsistenz haben. Den Teig 15 Minuten quellen lassen.
2. Reichlich Salzwasser zum Kochen bringen. Wenig Teig auf ein Spätzlebrett geben, mit einer Palette oder mit einem Messer schmale Streifen in das kochende Wasser schaben und aufkochen lassen. Die oben schwimmenden Spätzle herausnehmen, mit kaltem Wasser abspülen, abtropfen lassen und mit wenig Öl vermischen. Auf diese Weise den ganzen Teig verarbeiten. Die Spätzle in 1 Eßlöffel Butter erhitzen und würzen.
3. Die Linsen abgießen und zusammen mit den übrigen Zutaten in der restlichen Butter erhitzen. Etwas Wasser hinzufügen, das Ganze mit Salz, Pfeffer und Muskatnuß abschmecken. Spätzle zusammen mit der Linsen-Dörrfleisch-Masse auf vorgewärmten Tellern anrichten.

(auf dem Foto: unten)

Bandnudeln mit Hackfleischsauce, roten Linsen und Mais

Zubereitungszeit
ca. 25 Min.

Zutaten für 4 Personen

75 g rote Linsen
200 ml Gemüsebrühe
1 kleine Zwiebel
1–2 Knoblauchzehen
1 EL Öl
400 g Rinderhackfleisch
Salz
schwarzer Pfeffer aus der Mühle
400 g geschälte Tomaten (aus der Dose)
100 g Mais (aus der Dose)
Cayenne- oder Chilipfeffer
einige Tropfen Tabasco
400 g gedrehte Bandnudeln
1 TL frisch gehackter Oregano

So wird's gemacht

1. Die Linsen in der Brühe etwa 5 Minuten bißfest garen. Die Zwiebel schälen und fein würfeln. Den Knoblauch schälen und durch die Presse drücken.
2. Das Öl in einer Pfanne erhitzen und die Zwiebel und den Knoblauch darin andünsten. Das Hackfleisch hinzufügen und unter Rühren so lange braten, bis es braun und krümelig wird. Mit Salz und Pfeffer würzen.
3. Die Tomaten durch ein Sieb in die Pfanne passieren und den Mais dazugeben. Die Sauce unter Rühren etwa 10 Minuten offen kochen lassen, bis die Tomatenflüssigkeit verdampft ist. Die Sauce mit Cayenne- oder Chilipfeffer und Tabasco scharf abschmecken.
4. Reichlich Salzwasser zum Kochen bringen und die Nudeln darin bißfest garen. Auf einem Sieb abtropfen lassen und auf vorgewärmten Tellern verteilen. Zum Schluß die Linsen und den Oregano unter die Hackfleischsauce mengen und diese über den Nudeln verteilen.

Alpler Maggeronen

Zubereitungszeit
ca. 40 Min.

Zutaten für 4 Personen

300 g mittelgroße Kartoffeln
450 g kurze Makkaroni
1 TL Salz zum Kochen
1 EL Öl
300 g geriebener Greyerzer (Schweizer Hartkäse mit 45% Fett i. Tr.)
50 g geriebener Sbrinz (Schweizer Hartkäse mit 45% Fett i. Tr.)
1 EL Butter, 100 g Zwiebeln
100 g Schinkenspeck
1 Bund Petersilie

So wird's gemacht

1. Die Kartoffeln schälen, in Scheiben schneiden und in Salzwasser gar kochen. Makkaroni in 4 Liter kochendes Salzwasser geben, das Öl hinzufügen und die Nudeln nach Packungsvorschrift bißfest garen. Inzwischen die Käsesorten reiben und mischen. In einer Pfanne die Butter erhitzen.
2. Zwiebeln schälen, fein würfeln und in Butter glasig dünsten. Schinkenspeck fein würfeln und kurz mitbraten. Petersilie waschen, trockentupfen und fein hacken.
3. Kartoffelscheiben und Makkaroni auf ein Sieb schütten und gut abtropfen lassen. Dann die Kartoffeln und die Nudeln in eine Schüssel schichten, dazwischen immer wieder etwas Käse streuen. Die Zwiebel-Schinkenspeck-Mischung und die gehackte Petersilie darüberstreuen.

Penne mit Kürbis

Zubereitungszeit
ca. 20 Min.

Zutaten für 4 Personen
400 g Kürbis
100 g Lauch
250 g geschälte Tomaten
(aus der Dose)
4 EL Olivenöl
Salz
1 Zweig Rosmarin
200 g Sahne
2 EL frisch geriebener Parmesan
schwarzer Pfeffer aus der Mühle
500 g Penne oder Rigatoni

So wird's gemacht

1. Den Kürbis schälen, das Fruchtfleisch waschen und würfeln. Den Lauch gründlich waschen und in feine Ringe schneiden. Die Tomaten mit einem Passiergerät passieren oder durch ein Sieb drücken.
2. Das Olivenöl in einem Topf erhitzen, den Lauch und den Kürbis darin leicht andünsten. Dann die passierten Tomaten hinzufügen und das Ganze salzen. Den Rosmarinzweig mit einem feuchten Tuch abwischen und zum Gemüse geben. Alles zugedeckt bei geringer Hitze etwa 20 Minuten köcheln lassen.
3. Wenn das Gemüse weich ist, den Rosmarinzweig entfernen, die Sahne und den Parmesan unterrühren und die Sauce mit frischem Pfeffer abschmecken.
4. Reichlich Salzwasser zum Kochen bringen, die Penne oder Rigatoni darin bißfest garen, auf einem Sieb abtropfen lassen und in eine vorgewärmte Schüssel füllen. Die Kürbis-Tomaten-Sauce dazugeben und alles gut vermischen.

(auf dem Foto: unten)

Spaghettini mit Auberginen

Zubereitungszeit
ca. 45 Min.

Zutaten für 4 Personen

3 mittelgroße Auberginen, Salz
500 g enthäutete Fleischtomaten
6 EL Olivenöl
2 durchgepreßte Knoblauchzehen
6 Blätter Basilikum
schwarzer Pfeffer aus der Mühle
500 g Spaghettini
4 EL frisch geriebener Parmesan

So wird's gemacht

1. Die Auberginen waschen, den Stielansatz und das Ende wegschneiden und die Früchte in dünne Scheiben schneiden. Diese auf einem großen Teller verteilen, salzen und 30 Minuten ruhen lassen.
2. Die Tomaten würfeln. Etwa 4 Eßlöffel Olivenöl in einer Pfanne erhitzen und den Knoblauch darin anbraten. Die Tomaten dazugeben, die Basilikumblätter zerzupfen und unterrühren, das Ganze salzen und etwa 15 Minuten bei geringer Hitze köcheln lassen. Wenn das Tomatenwasser verdampft ist, die Sauce mit Pfeffer abschmecken.
4. Die Auberginenscheiben kalt abspülen, mit Küchenpapier trockentupfen und im restlichen Olivenöl goldgelb braten, auf Küchenpapier legen und abtropfen lassen.
5. Die Spaghettini in reichlich kochendem Salzwasser bißfest garen, auf einem Sieb abtropfen lassen und auf einer großen Platte anrichten. Die Tomatensauce unter die Nudeln mengen, die Auberginenscheiben darauf verteilen und das Gericht vor dem Servieren mit Parmesan bestreuen.

(auf dem Foto: oben)

Grüne Nudeln mit Gorgonzola-Zabaione

Zubereitungszeit
ca. 30 Min.

Zutaten für 4 Personen

Grüner Nudelteig
(Rezept siehe Seite 12)
150 g reifer Gorgonzola
125 g Sahne
2 große Eigelb
1/8 Liter trockener Weißwein
Salz
weißer Pfeffer aus der Mühle

So wird's gemacht

1. Einen Nudelteig nach Rezeptanweisung von Seite 12 zubereiten. Den Teig nach der Ruhezeit dünn ausrollen, in Streifen schneiden und diese auf einem Küchentuch zum Trocknen ausbreiten.
2. Den Gorgonzola in kleine Stücke schneiden. Dann den Käse zusammen mit der Sahne in eine Pfanne geben und bei mittlerer Hitze unter ständigem Rühren etwa 5 Minuten zu einer sämigen Sauce verkochen.
3. Die Eigelbe und den Weißwein im Wasserbad mit einem Schneebesen zu einer cremigen Masse aufschlagen. Den Eierschaum (Zabaione) unter die Käsesauce ziehen und diese mit Pfeffer und Salz würzen.
4. Reichlich Salzwasser zum Kochen bringen und die Nudeln darin in 1 bis 2 Minuten bißfest garen. Auf einem Sieb abtropfen lassen, in eine vorgewärmte Schüssel füllen und darin mit der Gorgonzola-Zabaione vermischen.

Variation

Passieren Sie 400 g (eine kleine Dose) geschälte Tomaten durch ein Sieb, dünsten Sie sie zusammen mit Basilikumstreifen in Butter an und garnieren Sie damit die Nudeln.

Badische Nudeln mit Sahnepilzen

Zubereitungszeit
ca. 30 Min.

Zutaten für 4 Personen
10 g getrocknete Steinpilze
250 g breite Nudeln (z.B. „Ausgerädelte" von 3 GLOCKEN)
1/2 TL Salz, 1 EL Öl
3 Zwiebeln, 1 Knoblauchzehe
6 EL Butter
500 g frische Champignons
1 EL Zitronensaft
2–3 Zweige Thymian
250 g Sahne
1 TL Mehl
Salz, weißer Pfeffer
einige Petersilieblättchen

So wird's gemacht

1. Die Steinpilze überbrausen und in kaltem Wasser 20 Minuten einweichen. Die Nudeln in 3 Liter kochendes Salzwasser geben, das Öl hinzufügen und die Nudeln 10 Minuten garen. Auf ein Sieb schütten, abtropfen lassen und warmstellen.
2. Zwiebeln und Knoblauchzehe schälen, fein hacken und in Butter dünsten, bis die Zwiebeln glasig sind. Champignons waschen, putzen und vierteln, mit Zitronensaft beträufeln. Die eingeweichten Steinpilze abtropfen lassen und zusammen mit den Champignons in den Topf geben. Den Thymian waschen, die Blättchen von den Zweigen zupfen und dazugeben. Das Ganze 5 Minuten dünsten.
3. Die Sahne mit dem Mehl verquirlen, zu den Pilzen geben und die Masse aufkochen lassen. Mit Salz und Pfeffer würzen.
4. Die Petersile mit den Nudeln unter die Sahnepilze mischen.

Schinkenfleckerln

Zubereitungszeit
ca. 45 Min.

Zutaten für 4 Personen

Weißer Nudelteig
(Rezept siehe Seite 12)
1 große Zwiebel
250 g gekochter Schinken
100 g Butter, 100 g Sahne
Salz, Pfeffer
1 EL gehackte Petersilie

So wird's gemacht

1. Einen weißen Nudelteig nach Rezeptanweisung von Seite 12 zubereiten. Den Teig nach der Ruhezeit in kleine Quadrate schneiden und diese auf einem Küchentuch zum Trocknen ausbreiten.
2. Die Zwiebel schälen und fein hacken. Den Schinken in Würfel schneiden. Die Butter in einer Pfanne erhitzen und die Zwiebel darin glasig dünsten. Dann den Schinken dazugeben und unter Rühren leicht anbraten.
3. Reichlich Salzwasser zum Kochen bringen. Die Sahne zum Zwiebel-Schinken-Gemisch geben, aufkochen lassen und das Ganze mit Salz und Pfeffer abschmecken.
4. Die Nudelquadrate im kochenden Salzwasser in 2 bis 3 Minuten bißfest garen, auf ein Sieb schütten, abtropfen lassen und zur Schinken-Sahne-Sauce geben. Alles gut vermengen und die Fleckerln leicht anbraten. Zum Schluß die Petersilie unterrühren und das Gericht sofort servieren.

(auf dem Foto: oben)

Variation

Diese österreichische Spezialität schmeckt auch sehr fein, wenn Sie 300 g frische enthülste Erbsen oder Tiefkühl-Erbsen unter Zugabe von 5 Eßlöffeln Fleischbrühe (aus Instantpulver) zusammen mit dem Schinken anbraten. Lassen Sie die Erbsen etwa 5 Minuten bei mittlerer Hitze weich dünsten, bevor Sie die Sahne dazugeben.

Krautfleckerln

Zubereitungszeit
ca. 1 Std.

Zutaten für 4 Personen

1/2 Menge weißer Nudelteig
(Rezept siehe Seite 12)
500 g Weißkraut
2 Zwiebeln
2 EL Zucker
2–3 EL Essig
40 g Schweineschmalz
1/8 Liter trockener Weißwein
1/8 Liter Rinderbrühe
(aus Instantpulver)
Salz
schwarzer Pfeffer aus der Mühle

So wird's gemacht

1. Eine halbe Menge weißen Nudelteig nach Rezeptanweisung von Seite 12 zubereiten. Den Teig nach der Ruhezeit in kleine Quadrate schneiden und diese auf einem Küchentuch zum Trocknen ausbreiten.
2. Das Kraut putzen, aus den Krautblättern die Blattrippen herausschneiden, die Blätter in 1 x 1 cm große Quadrate schneiden und diese waschen. Die Zwiebeln schälen und fein hacken. Den Zucker mit etwas Wasser in einem Topf schmelzen lassen und unter Rühren so lange kochen lassen, bis er zu karamelisieren beginnt. Mit dem Essig ablöschen und diesen einkochen lassen, bis er fast verdampft ist.
3. Dann das Schmalz hinzufügen und die Zwiebeln darin glasig dünsten. Das Kraut dazugeben, mit Weißwein und Rinderbrühe aufgießen, salzen, pfeffern und zugedeckt etwa 40 Minuten dünsten. Bei Bedarf immer wieder Rinderbrühe nachgießen. Das Kraut soll eine schöne braune Farbe annehmen und bißfest sein.
4. Die Nudelquadrate in reichlich kochendem Salzwasser in 2 bis 3 Minuten bißfest garen, auf ein Sieb schütten, abtropfen lassen und in eine vorgewärmte Schüssel füllen. Das Kraut hinzufügen, gut mit den Nudeln vermengen und eventuell mit Salz und Pfeffer nachwürzen.

(auf dem Foto: unten)

Variation

Mit den gleichen Zutaten können Sie den in Niederösterreich so beliebten Krautstrudel zubereiten: Den Nudelteig zu einer Kugel formen. Diese mit Öl bestreichen und unter einer angewärmten Schüssel 20 Minuten ruhen lassen. Die Teigkugel auf einer bemehlten Arbeitsfläche zu einem Rechteck ausrollen, dann vorsichtig über beide Handrücken nach allen Seiten hauchdünn ausziehen. Den Teig nicht mit den Fingernägeln berühren, sonst reißt er. Den Strudelteig auf ein bemehltes Tuch legen und die dicken Ränder abschneiden. Das gegarte Kraut auf der Teigplatte verteilen, die Ränder einschlagen und den Strudel mit Hilfe des Tuches aufrollen. Mit zerlassener Butter bestreichen und auf einem eingefetteten Backblech im Backofen 30 Minuten bei 220 °C backen.

Richardhof
1991
Heuriger

Lasagne und Nudelaufläufe

In Italien gibt es zwei Nudelarten, die nur für den Ofen („al forno") bestimmt sind: Lasagne und Cannelloni. Pikante Füllungen und ein üppiger Guß Béchamelsauce machen die Nudeln zart und herrlich saftig. Diesen goldbraun überbackenen Nudelköstlichkeiten können nur wenige widerstehen, daher sind sie besonders für eine Einladung oder für ein Kinderfest geeignet. Ihre Zubereitung erfordert zwar etwas Zeit, doch wenn sie erst im Ofen sind, können Sie sich in Ruhe Ihren Gästen widmen.

GRUNDREZEPT

Lasagne al forno

Zubereitungszeit
ca. 1 Std. 40 Min.

Zutaten für 4 Personen

Weißer oder grüner Nudelteig
(Rezept siehe Seite 12)

Für die Sauce:

100 g roher Schinken
1 Zwiebel
2 Knoblauchzehen
1 TL Salz
1 Karotte
1 Stange Staudensellerie
2 EL Butter
4 EL Olivenöl
100 g Rinderhackfleisch
100 g mageres Schweinehackfleisch
1/4 Liter trockener Rotwein
800 g geschälte Tomaten
(aus der Dose)
Salz
schwarzer Pfeffer aus der Mühle
frisch geriebene Muskatnuß
1 TL gehacktes Basilikum
1 TL gehackter Oregano

Für die Béchamelsauce:

5 EL Butter, 5 EL Mehl
1/2 Liter Milch
1 Prise geriebene Muskatnuß
2 EL Parmesan

Außerdem:

Butter für die Form
6 EL frisch geriebener Parmesan

So wird's gemacht

1. Den weißen oder grünen Nudelteig nach Rezeptanweisung von Seite 12 zubereiten. Den Teig nach der Ruhezeit dünn ausrollen und auf die Größe der zu verwendenden Auflaufform Quadrate bzw. Teigplatten zuschneiden (Foto 1). Die Teigplatten kurz antrocknen lassen, dann in kochendem Salzwasser etwa 5 Minuten garen, abschrecken und auf ein feuchtes Tuch legen.
2. Den Schinken würfeln. Die Zwiebel schälen und fein hacken. Die Knoblauchzehen schälen und zusammen mit dem Salz in einem Mörser zerreiben. Die Karotte und den Staudensellerie schälen und fein hacken.
3. Die Butter und das Öl in einer großen Pfanne erhitzen, die Karotte und den Sellerie darin leicht anrösten und dann beide Hackfleischsorten dazugeben. Das Fleisch unter Rühren kräftig braten, bis es eine helle Farbe

angenommen hat und leicht krümelig ist. Zwiebel und Knoblauch dazugeben und andünsten (Foto 2). Nun mit Rotwein ablöschen.

4. Die geschälten Tomaten mit einem Passiergerät pürieren und dazugeben (Foto 3). Die Sauce würzen, Basilikum und Oregano unterrühren und das Ganze bei geringer Hitze etwa 1 Stunde kochen lassen, dabei öfters umrühren.
5. Für die Béchamelsauce die Butter in einem kleinen Topf erhitzen, das Mehl einrühren und hellgelb anschwitzen lassen. Die Milch dazugießen und das Ganze bei mittlerer Hitze unter ständigem Rühren 10 Minuten zu einer sämigen Sauce verkochen. Die Béchamelsauce mit Salz, Pfeffer, Muskat und Parmesan abschmecken.
6. Den Backofen auf 180 °C vorheizen. Eine Auflaufform mit Butter austreichen. Die Form mit einer Schicht Teigplatten (die Teigplatten müssen gut nebeneinander Platz haben und dürfen nicht überlappen) auslegen. Darauf eine Schicht Fleischsauce, eine Schicht Béchamelsauce und eine Schicht geriebenen Parmesan geben (Foto 4).
7. Diesen Vorgang wiederholen, bis alle Zutaten verbraucht sind. Die letzte Schicht sollte Béchamelsauce und Parmesan sein. Vor dem Backen darauf achten, daß der Abstand zwischen Lasagne und Formrand ausreichend mit Fleischsauce oder Béchamelsauce ausgefüllt ist.
8. Die Lasagne in den Ofen geben und etwa 20 Minuten backen lassen. Wenn sich auf der Oberfläche eine goldgelbe Kruste gebildet hat und der größte Teil der Flüssigkeit von den Lasagne-Platten aufgenommen ist, die Lasagne servieren.

Foto 1

Foto 2

Foto 3

Foto 4

Variationen

Wenn Sie die Nudeln nicht selber machen wollen, können Sie auch auf vorgefertigte, zum Beispiel auf Buitoni-Lasagne zurückgreifen. Für unser Rezept benötigen Sie etwa 400 g. Die fertigen Lasagneplatten sind bereits vorgekocht und können direkt verwendet werden. Lassen Sie die Lasagne aber dann etwa 45 Minuten im Ofen, damit die Lasagneplatten richtig weich werden. Von der Lasagnesauce gibt es eine Vielzahl an Variationen; die hier beschriebene ist die Lasagnesauce auf Bologneser Art. Sie können zum Beispiel die geschälten Tomaten durch 1 kg reife, geviertelte, enthäutete und entkernte Eiertomaten ersetzen und den Tomatengeschmack durch die Zugabe von 1 Eßlöffel Tomatenmark, 1 Prise Zucker und 1 Eßlöffel Balsamicoessig intensivieren. Wer gerne frische Kräuter in der Sauce mag, kann nach Belieben frischen, gehackten Thymian, Rosmarinnadeln und gehackte Petersilie hinzufügen. Den Knoblauch können Sie auch weglassen, oder – wenn Sie den Geschmack schätzen – 3 bis 4 Zehen zusammen mit dem Hackfleisch anbraten. Sehr fein schmeckt die Lasagne auch, wenn Sie auf jede Schicht Béchamelsauce mit Parmesan eine Schicht gewürfelten Frischkäse oder Mozzarella legen und das Ganze mit einer Schicht Mozzarellascheiben abschließen.

Frühlingslasagne

Zubereitungszeit
ca. 1 Std.

Zutaten für 4 Personen

Für die Füllung:

1 kg Zucchini
1 Rosmarinzweig
2 Lorbeerblätter
4–5 Salbeiblätter
1 kleiner Bund Basilikum
1 kleiner Bund Petersilie
3 EL Olivenöl, Salz, Pfeffer
100 ml Gemüsebrühe
(aus Instantprodukt)

Für die Béchamelsauce:

100 g Butter, 100 g Mehl
1 Liter Milch
1 Prise geriebene Muskatnuß
2 EL frisch geriebener Parmesan

Außerdem:

Butter für die Form
500 g grüne Lasagneplatten
(z.B. von Buitoni)
8 EL frisch geriebener Parmesan
2 EL Butterflöckchen

So wird's gemacht:

1. Die Zucchini putzen, waschen und in dünne Scheiben schneiden. Die Kräuter jeweils waschen, trockenschleudern und fein hacken. Das Öl in einer Pfanne erhitzen und die Kräuter darin andünsten. Dann die Zucchinischeiben dazugeben, salzen und pfeffern, die Gemüsebrühe angießen und das Ganze zugedeckt 10 bis 15 Minuten köcheln lassen.
2. In der Zwischenzeit für die Béchamelsauce die Butter in einem Topf erhitzen, das Mehl einrühren und hellgelb anschwitzen lassen. Die Milch dazugießen und das Ganze bei mittlerer Hitze unter ständigem Rühren 10 Minuten zu einer sämigen Sauce verkochen. Zum Schluß die Béchamelsauce mit Salz, Pfeffer, Muskat und Parmesan abschmecken.
3. Den Backofen auf 180 °C vorheizen. Eine Auflaufform mit Butter ausstreichen und mit einer Schicht Lasagneplatten auslegen, darauf eine Schicht Kräuter-Zucchini-Masse, eine Schicht Béchamelsauce und Parmesan legen. Diesen Vorgang wiederholen, bis alle Zutaten aufgebraucht sind. Die letzte Schicht sollte aus Béchamelsauce und Parmesan bestehen.
4. Die Butterflöckchen auf der Lasagne verteilen, diese in den Ofen geben und 20 Minuten zugedeckt, und dann nochmals 20 Minuten offen backen lassen.

Pilzlasagne

Zubereitungszeit
ca. 1 Stunde

Zutaten für 4–6 Personen

400 g Austernpilze
400 g frische Champignons
100 g Karotten
1 Bund Petersilie, 3 EL Keimöl
250 g passierte Tomaten
1 TL Kräuter der Provençe
weißer Pfeffer, Salz, 3 EL Butter
5 EL Mehl, 1/4 Liter Milch
1/4 Liter kalte Fleischbrühe
(aus Instantpulver)
50 g Roquefort
geriebene Muskatnuß, Pfeffer
250 g Lasagneplatten
50 g geriebener Parmesan

So wird's gemacht

1. Pilze und Karotten waschen, putzen und in Scheiben schneiden. Petersilie waschen und fein hacken. Öl erhitzen, Pilze und Karotten andünsten, Petersilie, Tomatenpüree und Kräuter untermischen. Mit Pfeffer und Salz abschmecken.
2. Butter erhitzen, das Mehl darin hell anschwitzen und mit Milch ablöschen. Mit dem Schneebesen glattrühren, wieder erhitzen, die Brühe dazugeben und alles aufkochen lassen. Bei schwacher Hitze 7 Minuten köcheln lassen.
3. Roquefort würfeln und in der Sauce schmelzen. Mit Pfeffer und Muskat abschmecken. Den Backofen auf 200 °C vorheizen.
4. In eine Auflaufform abwechselnd Käsesauce, Lasagneplatten und Pilzmischung geben. Mit Käsesauce abschließen und den geriebenen Parmesan darüberstreuen. Auf mittlerer Einschubleiste 30 Minuten garen, dann im ausgeschalteten Backofen 10 Minuten ruhen lassen.

Lasagne Florentin

Zubereitungszeit
ca. 1 Std.

Zutaten für 6 Personen

1/2 Menge weißer Nudelteig
(Rezept siehe Seite 12) oder
250 g weiße Lasagneplatten
(z.B. von Buitoni)
1 Zwiebel
6 EL Olivenöl
400 g geschälte Tomaten
(aus der Dose)
Salz, Pfeffer aus der Mühle
750 g Spinat
1 Knoblauchzehe
200 g Doppelrahm-Frischkäse
Butter für die Form
1 große Fleischtomate
100 g frisch geriebener Gouda

So wird's gemacht:

1. Mit der halben Menge einen weißen Nudelteig nach Rezeptanweisung von Seite 12 zubereiten. Den Teig nach der Ruhezeit dünn ausrollen, auf die Größe der zu verwendenden Auflaufform Quadrate bzw. Teigplatten zuschneiden. Die Teigplatten kurz antrocknen lassen, dann in kochendem Salzwasser 5 Minuten garen, abschrecken und auf ein feuchtes Tuch legen.
2. Die Zwiebel schälen und fein hacken. Etwa 4 Eßlöffel Olivenöl in einem Topf erhitzen und die Zwiebel darin anbraten. Die Tomaten durch ein Sieb in den Topf passieren und das Ganze bei geringer Hitze etwa 30 Minuten köcheln lassen, dabei öfters umrühren. Mit Salz und Pfeffer abschmecken.
3. Den Spinat verlesen, die Blätter abzupfen und gründlich waschen. Den Knoblauch schälen und durch die Presse drücken. Das restliche Olivenöl in einem Topf erhitzen und den Spinat zusammen mit dem Knoblauch etwa 5 Minuten darin andünsten. Dann den Frischkäse einrühren.
4. Den Backofen auf 180 °C vorheizen. Eine Auflaufform mit Butter ausstreichen. Eine Schicht Lasagneblätter hineingeben, dann abwechselnd Spinat und Lasagneblätter übereinanderschichten, bis beide Zutaten aufgebraucht sind. Die Tomatensauce darübergießen. Die Fleischtomate waschen, vom Stielansatz befreien, in Scheiben schneiden und diese über der Lasagne verteilen. Das Ganze mit Gouda bestreuen und im Ofen etwa 20 Minuten backen lassen. Vorgefertige Lasagneplatten benötigen 40 Minuten.

Lockere Lasagne

Zubereitungszeit
ca. 1 Std.

Zutaten für 4 Personen

Weißer Nudelteig
(Rezept siehe Seite 12) oder
500 g Lasagneplatten
2 Zwiebeln
40 g roher Schinken
3 EL Butterschmalz (z.B. von Butaris)
200 g Rinderhackfleisch
Salz, Pfeffer aus der Mühle
5 kleine Tomaten
1 TL gehackter Thymian
1 EL gehackte Petersilie
1 Prise gemahlener Piment
Butter für die Form
100 g geriebener Emmentaler
oder Tilsiter

So wird's gemacht

1. Weißen Nudelteig nach Rezeptanweisung von Seite 12 zubereiten. Den Teig nach der Ruhezeit dünn ausrollen, auf die Größe der zu verwendenden Auflaufform Quadrate bzw. Teigplatten zuschneiden. Die Teigplatten kurz antrocknen lassen, dann in kochendem Salzwasser etwa 5 Minuten garen, abschrecken und auf ein feuchtes Tuch legen.
2. Die Zwiebeln schälen und fein hacken. Den Schinken würfeln. Etwa 1 Eßlöffel Butterschmalz in einer großen Pfanne erhitzen und die Zwiebeln, den Schinken und das Hackfleisch darin anbraten. Das Ganze salzen und pfeffern.
3. Die Tomaten überkreuz einritzen, mit kochend heißem Wasser überbrühen, vom Stielansatz befreien, enthäuten, entkernen, das Fruchtfleisch würfeln und im restlichen Butterschmalz andünsten. Die Kräuter und den Piment hinzufügen, salzen und die Sauce etwa 30 Minuten köcheln lassen, dabei öfters umrühren.
4. Den Backofen auf 180 °C vorheizen. Eine Auflaufform mit Butter ausstreichen, etwas Fleischsauce hineingeben, Lasagneplatten darüberschichten und dann Tomatensauce darübergeben. Diese Reihenfolge solange wiederholen, bis alle Zutaten verbraucht sind. Die Lasagne mit Emmentaler oder Tilsiter bestreuen und im Ofen etwa 20 Minuten überbacken.

Lasagne mit Artischocken

Zubereitungszeit
ca. 45 Min.

Zutaten für 4 Personen

7–8 Artischocken
1 EL Zitronensaft
150 g Lauch
1/2 Bund Petersilie
6 EL Butter
1/8 Liter trockener Weißwein
1/8 Liter Gemüsebrühe
(aus Instantprodukt)
Salz
4 EL Mehl
1/2 Liter Milch
geriebene Muskatnuß
schwarzer Pfeffer aus der Mühle
100 g frisch geriebener Parmesan
400 g Lasagneplatten
Butter für die Form

So wird's gemacht

1. Die harten Blätter und Blattspitzen der Artischocken abschneiden. Die Blätter auseinanderdrücken und das Heu mit einem kleinen Messer entfernen. Das Herz und die weichen Blätter in dünne Scheiben schneiden und in mit Zitronensaft vermischtes Wasser legen.
2. Den Lauch putzen, waschen und in feine Ringe schneiden. Die Petersilie waschen und fein hacken. Die Butter in einer großen Pfanne erhitzen und den Lauch darin andünsten. Die Artischocken dazugeben, den Weißwein angießen und so lange kochen lassen, bis die Flüssigkeit verdampft ist.
3. Die Gemüsebrühe dazugießen, salzen und zugedeckt bei geringer Hitze etwa 20 Minuten kochen lassen. Dann das Mehl darüberstäuben und gut umrühren, damit sich keine Klumpen bilden. Unter Rühren nach und nach die Milch dazugießen und alles zu einer cremigen Sauce kochen. Mit Salz, Muskatnuß und Pfeffer abschmecken und den Parmesan sowie die Petersilie unterrühren.
4. Den Backofen auf 180 °C vorheizen. Eine Auflaufform mit Butter ausstreichen, mit Lasagneplatten auslegen und darüber einige Löffel Sauce verteilen. Auf diese Weise fortfahren, bis alles verbraucht ist. Mit der Sauce abschließen. Die Lasagne in den Ofen geben und etwa 20 Minuten überbacken.

Auberginenlasagne

Zubereitungszeit
ca. 1 Std.

Zutaten für 4 Personen
750 g Auberginen, Salz
1 Zwiebel, 1 Knoblauchzehe
7 EL Olivenöl, 400 g geschälte Tomaten, 1 Rosmarinzweig, Pfeffer
4 EL Mehl, 250 g Mozzarella (z.B. Zottarella), Öl für die Form
250 g Lasagneplatten
5 EL frisch geriebener Parmesan

So wird's gemacht

1. Auberginen waschen, putzen und in etwa 1 cm dicke Scheiben schneiden, diese mit Salz bestreuen und 30 Minuten ruhen lassen.
2. Zwiebel und Knoblauch schälen und fein hacken. 2 Eßlöffel Olivenöl erhitzen, Zwiebel und Knoblauch darin andünsten. Tomaten durchpassieren, salzen, Rosmarin hinzufügen und die Sauce 30 Minuten köcheln lassen. Mit Pfeffer abschmecken.
3. Auberginenscheiben kalt abspülen, abtupfen und im Mehl wenden. Restliches Olivenöl erhitzen, Auberginen darin knusprig braten, abtropfen lassen. Den Mozzarella in feine Scheiben schneiden.
4. Backofen auf 180 °C vorheizen. Eine Form mit Öl ausstreichen und den Boden etwa 1 cm hoch mit Tomatensauce bedecken. Jeweils eine Schicht Lasagneblätter, Auberginen- und Mozzarellascheiben darauf verteilen und 1 Eßlöffel Parmesan darüberstreuen. So fortfahren, bis alles verbraucht ist. Mit Tomatensauce, Mozzarella und Parmesan abschließen. Die Lasagne mit Alufolie abdecken und 20 Minuten überbacken. Die Folie entfernen und nochmals 10 Minuten backen.

GRUNDREZEPT

Cannelloni mit Fleischfüllung

Zubereitungszeit
ca. 1 Std. 10 Min.

Zutaten für 4 Personen

Für die Cannelloni:

200 g Weizenmehl (Type 405)
2 Eier (Gewichtsklasse 2–3)
1–2 EL Olivenöl
Salz
schwarzer Pfeffer aus der Mühle

Für die Füllung:

60 g zarte Haferflocken (z.B. Köllnflocken)
350 g gemischtes Hackfleisch
1 Ei (Gewichtsklasse 3)
1 Zwiebel
4 EL Olivenöl
200 g durchpassierte Tomaten
Salz
Pfeffer aus der Mühle
1 TL gehackter Oregano
1 TL gehacktes Basilikum

Für die Sauce:

300 g Crème fraîche
1/8 Liter Milch
1 Prise geriebene Muskatnuß

Außerdem:

Butter für die Form
3 EL frisch geriebener Parmesan
3 EL Butterflöckchen

So wird's gemacht

1. Für die Cannelloni das Mehl auf eine Arbeitsfläche sieben und in die Mitte eine Vertiefung drücken.
2. Die Eier, etwas Öl, Salz und Pfeffer in die Vertiefung geben, dann vom Rand etwas Mehl unterrühren und nach und nach das gesamte Mehl mit den Händen unter die Ei-Mehl-Mischung kneten. Restliches Öl hinzufügen und die Masse 10 Minuten weiterkneten, bis ein geschmeidiger, glatter Teig entsteht. Wenn der Teig zu trocken ist, tropfenweise etwas Wasser hinzufügen.
3. Den Teig in ein feuchtes Tuch wickeln und etwa 30 Minuten ruhen lassen.
4. Den Teig nach der Ruhezeit dünn ausrollen und in 10 x 10 cm große Quadrate schneiden. Die Teigplatten kurz antrocknen lassen, dann in kochendem Salzwasser etwa 5 Minuten garen (Foto 1), abschrecken und auf ein feuchtes Tuch legen.
5. Für die Füllung Haferflocken, Hackfleisch, Ei und 3 Eßlöffel Wasser in eine Schüssel geben und gründlich durchkneten. Die Zwiebel schälen

und fein reiben. Die Hackfleischmasse in dem Olivenöl anbraten, die Zwiebel dazugeben (Foto 2) und alles etwa 15 Minuten braten.

6. Die Tomaten hinzufügen, mit Salz und Pfeffer würzen und die Kräuter unterrühren (Foto 3). Die Füllung erkalten lassen.
7. Den Backofen auf 180 bis 200 °C vorheizen. Eine Auflaufform mit Butter ausstreichen. Die Hackfleischfüllung auf den Teigplatten verteilen, zusammenrollen (Foto 4) und die Cannelloni nebeneinander in die Form legen.
8. Für die Sauce Crème fraîche und Milch verrühren, mit Salz, Pfeffer sowie Muskatnuß abschmecken und die Masse über den Cannelloni verteilen. Den Parmesan darüberstreuen, die Butterflöckchen daraufsetzen und das Ganze im Ofen etwa 30 Minuten überbacken.

Tip

Die Cannelloni können auch mit einer Masse aus gedünstetem und gehacktem Blattspinat und durchgedrehter Leber gefüllt werden. Sie schmecken aber auch ohne Fleisch gefüllt sehr gut, zum Beispiel mit sehr fein geschnittenem und kurz gedünstetem Gemüse (Karotten, Lauch, Zucchini, Frühlingszwiebeln, Wirsing oder Tomaten).

Variation

Probieren Sie die Cannelloni wie eine klassische Lasagne mit Hackfleisch-Tomaten-Sauce und Béchamelsauce: Für die Tomatensauce eine Karotte, 1/2 Stange Staudensellerie, 1/2 Zwiebel und 1/2 Knoblauchzehe fein hacken. Etwa 4 Eßlöffel Olivenöl und 3 Eßlöffel Butter erhitzen, das Gemüse darin kurz andünsten, 50 g rohen, fein gewürfelten Schinken dazugeben und das Ganze 5 Minuten

Foto 1

Foto 2

Foto 3

Foto 4

anbraten. Dann 100 g Rinderhackfleisch hinzufügen, unter Rühren krümelig braten und mit 1/8 Liter trockenem Rotwein ablöschen. Mit geriebener Muskatnuß, Salz sowie Pfeffer würzen, 400 g durchpassierte Tomaten einrühren und die Sauce offen etwa 30 Minuten köcheln lassen. In der Zwischenzeit für die Béchamelsauce 3 Eßlöffel Butter schmelzen, 3 Eßlöffel Mehl darin anschwitzen, 1/4 Liter Milch dazugießen und die Masse unter Rühren 10 Minuten kochen lassen. Mit Salz, Pfeffer und Muskatnuß abschmecken. Die Hackfleisch-Tomatensauce über die gefüllten Cannelloni geben, die Béchamelsauce darüber verteilen und das Ganze 15 bis 30 Minuten im Backofen bei 180 °C backen lassen.

Cannelloni alla Sottentina

Zubereitungszeit

ca. 1 Std.

Zutaten für 4 Personen

12 Cannelloni
1/2 TL Salz, 1 EL Öl

Für die Sauce:

1 Zwiebel, 500 g Tomaten
3 EL Butter
4 Blättchen frisches Basilikum
weißer Pfeffer, Salz

Für die Füllung:

200 g Mozzarella
(z.B. Zottarella von Zott)
100 g roher Schinken
250 g Ricotta, 2 Eier
weißer Pfeffer, Salz
Muskat

Außerdem:

1 TL Butter für die Form
3 EL Butterflöckchen
60 g geriebener Parmesan

So wird's gemacht

1. Die Cannelloni nach Packungsvorschrift in Salzwasser mit Öl bißfest kochen, abtropfen lassen.
2. Für die Sauce die Zwiebel schälen und fein würfeln. Die Tomaten waschen, überkreuz einritzen und in kochendes Wasser tauchen. Dann die Haut abziehen, das Fruchtfleisch würfeln und dabei den Stielansatz und die Kerne entfernen.
3. Die Butter erhitzen, die Zwiebelwürfel darin glasig werden lassen, dann die Tomatenstücke dazugeben und alles bei schwacher Hitze zugedeckt 10 Minuten köcheln lassen. Das Basilikum waschen, fein hacken und dazugeben.
4. Die Sauce mit Pfeffer und Salz abschmecken. Mozzarella und Schinken in feine Streifen schneiden. Die Ricotta mit einer Gabel zerdrücken. Eier verquirlen und Ricotta darunterschlagen, dann die Mozzarella- und Schinkenstreifen untermengen und die Masse mit Pfeffer, Salz und Muskat würzen.
5. Die Käse-Schinken-Masse mit einem Teelöffel in die Nudelrollen füllen. Den Backofen auf 200 °C vorheizen. Eine flache Auflaufform mit 1 Teelöffel Butter ausstreichen, die gefüllten Cannelloni nebeneinander hineinsetzen und die Tomatensauce darübergeben. Die Oberfläche mit Butterflöcken belegen und den Parmesan darauf verteilen. Die Cannelloni im Backofen auf der mittleren Einschubleiste 25 Minuten backen.

Käsecannelloni mit Brokkoli

Zubereitungszeit
ca. 1 Std.

Zutaten für 4 Personen
150 g Mozzarella
je 100 g Gorgonzola, Pecorino und Mascarpone
300 g frischer Brokkoli
weißer Pfeffer
16 vorgegarte Cannelloni
1 TL Butter für die Form
250 g durchpassierte Tomaten
1/2 TL Kräuter der Provençe
weißer Pfeffer, Salz
1 Prise Zucker
30 g geriebener Parmesan

So wird's gemacht

1. Die Käsesorten kleinschneiden und unter den Mascarpone mischen. Den Brokkoli waschen, putzen und in Stücke und Röschen teilen, dann in kochendem Salzwasser 4 bis 5 Minuten blanchieren. Den Brokkoli auf ein Sieb schütten, abschrecken, gut abtropfen lassen, fein hacken und unter die Käsemasse mischen. Alles mit Pfeffer abschmecken.
2. Die Cannelloni mit der Käse-Brokkoli-Masse füllen. Eine flache Auflaufform mit Butter ausstreichen. Den Backofen auf 200 °C vorheizen. Das Tomatenpüree mit Kräutern, Pfeffer und Salz verrühren und eine dünne Schicht in die Auflaufform geben. Die gefüllten Nudelrollen nebeneinander hineinlegen und die restliche Tomatensauce darüber verteilen. Parmesan daraufstreuen und die Cannelloni im Ofen 30 Minuten garen.

Nudelpastete

Zubereitungszeit
ca. 1 Std. 45 Min.

Zutaten für 6 Personen

Für die Pastete:
- *1/2 Menge weißer Nudelteig*
- *(Rezept siehe Seite 12)*
- *700 g gekochte Spiralnudeln*
- *250 g Mozzarella*
- *150 g gekochter Schinken*
- *3 EL frisch geriebener Parmesan*

Für die Tomaten-Basilikum-Sauce:
- *1 EL Olivenöl*
- *1 kleine gewürfelte Zwiebel*
- *1 durchgepreßte Knoblauchzehe*
- *150 g Tomatenmark*
- *3 EL Mehl, 3/4 Liter Fleischbrühe*
- *1 Prise Zucker, Salz, Pfeffer*
- *1 kleiner Bund Basilikum*

Außerdem:
- *Butter für die Form*
- *3 EL Butterflöckchen*
- *1 verquirltes Eigelb*

So wird's gemacht

1. Weißen Nudelteig nach Rezeptanweisung von Seite 12 zubereiten. Den Teig nach der Ruhezeit dünn ausrollen und in 10 x 10 cm große Quadrate schneiden. Die Teigplatten kurz antrocknen lassen, dann in kochendem Salzwasser etwa 5 Minuten garen, abschrecken und auf ein feuchtes Tuch legen. Mozarella in Würfel und Schinken in Streifen schneiden.
2. Das Öl erhitzen, Zwiebel und Knoblauch darin glasig dünsten. Tomatenmark dazugeben und kurz anschwitzen. Mehl darüberstäuben, Farbe nehmen lassen und das Ganze mit der Brühe ablöschen.
3. Die Sauce aufkochen und 5 Minuten köcheln lassen. Durchpassieren und mit Zucker, Salz und Pfeffer kräftig abschmecken. Basilikum waschen, trockenschleudern, die Blättchen von den Stielen zupfen, feinhacken und dazumischen.
4. Den Ofen auf 160 °C vorheizen. Eine Auflaufform mit Butter ausstreichen und mit zwei Dritteln der Teigplatten auslegen. Den Rest zurücklegen. Die Pastetenform schichtweise mit Spiralnudeln, Mozzarella, Schinken und Parmesan füllen. Jede Schicht mit etwas Tomatensauce begießen. Zum Schluß die Füllung etwas andrücken, die Butterflöckchen daraufsetzen, mit einem Nudeldeckel versehen und diesen mit Eigelb bestreichen. Die Pastete 45 Minuten backen, dann 10 Minuten ruhen lassen. Die Pastetenscheiben mit der restlichen Tomatensauce anrichten.

Nudelgratin „Florentin"

Zubereitungszeit
ca. 1 Std.

Zutaten für 6 Personen

250 g Penne
(z.B. „Penne Lisce" von Buitoni)
1 EL Öl
300 g TK-Blattspinat
1 Knoblauchzehe
1 TL Butter
Salz
schwarzer Pfeffer aus der Mühle
200 g Doppelrahm-Frischkäse
mit Kräutern (60 % Fett i.Tr.)
Butter für die Form
400 g Rinderhackfleisch
100 g geriebener Emmentaler
1/4 Liter Fleischbrühe
4 EL Sahne
3 EL Paniermehl
1 EL Butterflöckchen

So wird's gemacht

1. Reichlich Salzwasser zum Kochen bringen, die Nudeln darin bißfest garen, auf einem Sieb abtropfen lassen und in einer Schüssel mit dem Öl vermengen, damit sie nicht zusammenkleben.
2. Inzwischen den Blattspinat antauen lassen. Die Knoblauchzehe schälen und durch die Presse drücken. Die Butter in einer Pfanne erhitzen und Spinat und Knoblauch darin etwa 10 Minuten dünsten. Mit Salz und Pfeffer würzen und den Frischkäse unterrühren.
3. Den Backofen auf 175 °C vorheizen. Eine Auflaufform mit Butter ausstreichen und die Hälfte der Nudeln darin verteilen. Das Hackfleisch als flache Schicht darübergeben, kräftig mit Salz und Pfeffer würzen. Den Spinat darüber verteilen und mit den restlichen Nudeln abschließen. Den Emmentaler darüberstreuen.
4. Die Fleischbrühe mit der Sahne verrühren und die Sauce über das Gratin gießen. Das Ganze mit Paniermehl bestreuen, mit Butterflöckchen bedecken und im Ofen etwa 40 Minuten backen.

Nudelrollen mit Mortadella

Zubereitungszeit
ca. 1 Std.

Zutaten für 4 Personen

Weißer Nudelteig
(Rezept siehe Seite 12)
1 Zwiebel, 2 EL Olivenöl
2 EL Butter
200 g Rinderhackfleisch
400 g geschälte Tomaten
(aus der Dose)
Salz, Pfeffer aus der Mühle
1/2 Bund Petersilie
Butter für die Form
12 Scheiben italienische
Mortadella
500 g Mozzarella
Petersilienzweig zum Dekorieren

So wird's gemacht

1. Weißen Nudelteig nach Rezeptanweisung von Seite 12 zubereiten. Den Teig nach der Ruhezeit dünn ausrollen und in 12 jeweils 10 x 10 cm große Quadrate schneiden. Die Teigplatten kurz antrocknen lassen, dann in kochendem Salzwasser etwa 5 Minuten garen, abschrecken und auf ein feuchtes Tuch legen.
2. Die Zwiebel schälen und fein hacken. Das Olivenöl und die Butter in einem Topf erhitzen und Zwiebel darin andünsten. Das Hackfleisch dazugeben und unter Rühren krümelig braten. Die geschälten Tomaten durch ein Sieb durchpassieren, salzen und die Sauce etwa 30 Minuten bei geringer Hitze köcheln lassen, dabei öfters umrühren. Die Petersilie waschen, trockenschleudern, fein hacken und unterrühren. Mit Pfeffer abschmecken.
3. Den Backofen auf 200 °C vorheizen. Eine Auflaufform mit Butter ausstreichen. Die Mortadellascheiben jeweils gefaltet auf die Teigplatten legen. Mozzarella in dünne Scheiben schneiden und gleichmäßig darauf verteilen. Die Teigplatten aufrollen und mit je 2 Holzspießchen zusammenstecken.
4. Die Cannelloni nebeneinander in die Auflaufform legen und mit der Hackfleischsauce übergießen. In den Ofen geben, etwa 10 Minuten überbacken und vor dem Servieren mit Petersilie dekorieren.

Nudelgratin

Zubereitungszeit
ca. 1 Std. 30 Min.

Zutaten für 4 Personen

500 g grüne dünne Bandnudeln
1 EL Öl, 2 Zwiebeln
2 Knoblauchzehen, 4 EL Olivenöl
500 g gemischtes Hackfleisch
1 TL Rosenpaprikapulver
Salz, Pfeffer aus der Mühle
1 TL frischer, gehackter Oregano
800 g geschälte Tomaten
1 EL Tomatenmark, 1 Prise Zucker
1 TL Balsamico-Essig, Butter für die Form, 250 g Mozzarella

So wird's gemacht

1. Bandnudeln in Salzwasser bißfest garen, abtropfen lassen, mit Öl vermengen und mit einem feuchten Tuch abdecken. Zwiebeln und Knoblauch schälen und fein hacken. Die Hälfte des Olivenöls erhitzen, Zwiebel und Knoblauch darin hellgelb anschwitzen lassen und auf einen Teller geben. Das restliche Olivenöl erhitzen und das Hackfleisch kräftig darin anbraten. Hitze reduzieren, Zwiebeln und Knoblauch wieder dazugeben und die Masse mit Rosenpaprika, Salz, Pfeffer und Kräutern würzen.
2. Die Tomaten durchpassieren und unterrühren. Das Tomatenmark mit 2 Eßlöffeln Wasser verrühren und zusammen mit dem Zucker und dem Essig dazugeben. Die Sauce 50 Minuten köcheln lassen.
3. Den Backofen auf 180 °C vorheizen. Eine Auflaufform mit Butter ausstreichen und die Nudeln darin verteilen. Die Hackfleischsauce darübergeben. Den Mozzarella in dünne Scheiben schneiden und das Gratin damit bedecken. Im Ofen etwa 15 Minuten überbacken.

Nudelauflauf mit Thymian

Zubereitungszeit
ca. 1 Std.

Zutaten für 4 Personen

300 g gemischte Nudeln
(z.B. Spiral- und Bandnudeln)
1 EL Öl
125 g Sahne
2 Eier
125 g gekochter, gewürfelter Schinken
125 g geriebener Emmentaler
Salz
schwarzer Pfeffer aus der Mühle
Butter für die Form
1 Thymianzweig

So wird's gemacht

1. Nudeln in reichlich Salzwasser bißfest garen, abtropfen lassen, in einer Schüssel mit dem Öl vermengen und mit einem feuchten Tuch abdecken. Den Backofen auf 175 °C vorheizen.
2. Die Sahne in einer Schüssel mit den Eiern verquirlen. Den Schinken und den Emmentaler hinzufügen, alles gut vermischen und mit Salz und Pfeffer würzen.
3. Eine Auflaufform mit Butter ausstreichen, die Nudeln hineinfüllen und mit der Sahne-Ei-Masse begießen. Den Thymian waschen, trockenschleudern, die Blättchen vom Stiel zupfen und fein hacken.
4. Den Auflauf auf der untersten Einschubleiste des Ofens 15 Minuten backen. Dann den Thymian dazugeben und das Ganze nochmals 5 Minuten backen.

Tip

Dieser Auflauf ist ideal zur Resteverwertung von rohen Nudeln geeignet. Bis auf Spaghetti können Sie bei diesem Rezept alle möglichen Nudelsorten, von Schmetterlings- bis hin zu Hörnchennudeln, verwenden.

Variation

Wenn Sie es gerne deftig mögen, können Sie anstelle des Schinkens auch die gleiche Menge Frühstücksspeck nehmen und den Auflauf vor dem Überbacken mit 100 g geriebenem Greyezer bestreuen. Braten Sie den Speck, bevor Sie ihn zur Sahne geben, in einer beschichteten Pfanne ohne Fettzugabe aus.

Makkaroni mit überbackenem Blumenkohl

Zubereitungszeit
ca. 40 Min.

Zutaten für 4 Personen

1 kg Blumenkohl (1 großer Kopf)
Salz

Für die Béchamelsauce:

5 EL Butter
5 EL Mehl
1/2 Liter Milch
1 Prise geriebene Muskatnuß
Salz
schwarzer Pfeffer aus der Mühle
5 EL frisch geriebener Emmentaler oder Pecorino
5 EL frisch geriebener Parmesan

Außerdem:

500 g Makkaroni
70 g gekochter Schinken
4 EL Olivenöl
Butter für die Form

So wird's gemacht

1. Den Blumenkohl einige Minuten in kaltes Wasser legen, damit sich eventuell festsitzende Larven lösen. Dann den Strunk entfernen, den Kopf in Röschen zerteilen und diese in reichlich kochendem Salzwasser etwa 10 Minuten garen.
2. In der Zwischenzeit die Butter in einem Topf zerlassen, das Mehl hineinrühren und hellgelb anschwitzen lassen. Langsam mit Milch aufgießen und die Sauce unter Rühren 10 Minuten kochen lassen. Mit Muskatnuß, Salz und Pfeffer abschmecken und den geriebenen Käse unterziehen.
3. Die Makkaroni zum Blumenkohl geben und so lange kochen, bis die Nudeln bißfest sind. Den Schinken würfeln. Das Olivenöl in einer großen Pfanne erhitzen und den Schinken darin leicht anbraten.
4. Wenn die Makkaroni gar gekocht sind, sie zusammen mit dem Blumenkohl abgießen, beides in eine Schüssel geben und darin mit dem Schinken und der Hälfte der Béchamelsauce vermengen. Den Backofen auf 200 °C vorheizen.
5. Eine Auflaufform mit Butter ausstreichen. Die Makkaroni-Blumenkohl-Masse hineinfüllen und mit der restlichen Béchamelsauce bedecken. Im Ofen 10 bis 15 Minuten überbacken.

Nudelröllchen

Zubereitungszeit
ca. 1 Std.

Zutaten für 4 Personen

Weißer Nudelteig
(Rezept siehe Seite 12)

Für die Füllung:

1 Zwiebel
200 g gemischtes Hackfleisch
1 EL mittelscharfer Senf
1 EL grüne Pfefferkörner
1 TL getrockneter Majoran
1/2 TL getrockneter Thymian
je 1 Msp. Paprika- und Currypulver
Salz, Pfeffer aus der Mühle
2 EL feingehackte Petersilie

Für die Sauce:

1 Knoblauchzehe
1/2 TL Salz, 1 Zwiebel
1 EL Butter, 400 g geschälte
Tomaten (aus der Dose)
1 EL Tomatenmark
1 TL Kräuter der Provence

Außerdem:

Butter für die Form
2 große Tomaten
5 EL geriebener Gouda

So wird's gemacht

1. Weißen Nudelteig nach Rezeptanweisung von Seite 12 zubereiten. Den Teig nach der Ruhezeit dünn ausrollen und in 12 jeweils 10 x 10 cm große Quadrate schneiden. Die Teigplatten kurz antrocknen lassen, dann in kochendem Salzwasser etwa 5 Minuten garen, abschrecken und auf ein feuchtes Tuch legen.
2. Für die Sauce die Knoblauchzehe schälen und zusammen mit dem Salz im Mörser zerreiben. Die Zwiebel schälen und fein hacken. Die Butter erhitzen und Zwiebel und Knoblauch darin glasig anschwitzen. Die Tomaten durchpassieren, dazugeben und das Tomatenmark einrühren. Die Kräuter hinzufügen, mit Salz und Pfeffer abschmecken und etwa 10 Minuten köcheln lassen.
3. Den Backofen auf 180 °C vorheizen. Eine Auflaufform mit Butter ausstreichen. Die Hackfleischfüllung jeweils auf die Teigplatten verteilen, diese zusammenrollen und sie nebeneinander in die Form legen. Die Tomaten waschen, vom Stielansatz befreien, in Scheiben schneiden und diese um die Teigröllchen legen. Das Ganze mit Gouda bestreuen, in den Ofen geben und überbacken.

Nudel-Gemüse-Auflauf

Zubereitungszeit
ca. 1 Std.

Zutaten für 4 Personen

200 g Sojanudeln (ersatzweise schmale italienische Bandnudeln)
1 EL Sojaöl, 1 TL Salz
400 g Auberginen
200 g Zucchini, 150 g Tomaten
weißer Pfeffer, Salz, 4 EL Sojaöl
1 EL Mehl, 2 EL Tomatenmark
125 ml Brühe, 125 ml Milch
edelsüßes Paprikapulver
150 g Mozzarella, Pfeffer

So wird's gemacht

1. Die Nudeln in reichlich Salzwasser mit Öl etwa 10 Minuten garen, abschrecken und gut abtropfen lassen. Auberginen, Zucchini und Tomaten waschen, putzen und in dünne Scheiben schneiden. 2 Eßlöffel Sojaöl erhitzen, die Auberginen- und Zucchinischeiben darin goldbraun anbraten, dann die Tomaten dazugeben und kurz mitbraten. Mit Pfeffer und Salz würzen.
2. Weitere 2 Eßlöffel Sojaöl erhitzen, das Mehl darin hell anschwitzen, das Tomatenmark untermischen und kurz mitdünsten, dann mit kalter Brühe ablöschen und alles klumpenfrei verrühren. Sauce unter Rühren aufkochen, Milch einrühren und unter Rühren 5 Minuten köcheln lassen. Mit Pfeffer, Salz und Paprika würzen.
3. Mozzarella abtropfen lassen und in dünne Scheiben schneiden. Nudeln, Gemüse und Mozzarella schräg in eine hitzefeste Form einschichten, die Tomatensauce darüber verteilen und mit Pfeffer bestreuen. Im Backofen bei 175 °C etwa 30 Minuten backen.

Nudelpfannkuchen

Zubereitungszeit
ca. 30 Min.

Zutaten für 4 Personen

500 g Nudelhörnchen
(z.B. „Posthörnle" von 3 GLOCKEN)
1 Zwiebel
400 g Kirschtomaten
2 EL Öl
1/2 Kästchen Kresse
Salz
schwarzer Pfeffer aus der Mühle

So wird's gemacht

1. Reichlich Salzwasser zum Kochen bringen, die Nudelhörnchen darin bißfest garen und auf einem Sieb abtropfen lassen. Die Zwiebel schälen und fein hacken.
2. Die Tomaten waschen, von Stielansätzen befreien und vierteln. Das Öl in einer flachen Pfanne erhitzen und die Zwiebel darin glasig dünsten. Die Nudeln und die Tomaten dazugeben und alles gut vermischen, bis die Nudeln von einem feinen Ölfilm überzogen sind.
3. Den Nudelpfannkuchen bei geringer Hitze 3 bis 4 Minuten anbraten. Mit Salz und Pfeffer abschmekken. Die Kresse knapp über der Erde abschneiden, waschen, trockenschleudern und vor dem Servieren über den Pfannkuchen streuen.

Tip

Dieses Gericht eignet sich vor allem an heißen Sommertagen hervorragend als leichte Hauptmahlzeit.

Variationen

Für den größeren Hunger oder wenn Sie es gerne deftiger mögen, mischen Sie einfach 300 g gekochtes, kleingeschnittenes Rindfleisch unter die Nudeln, bestreuen das Ganze mit 100 g frisch geriebenem Emmentaler und lassen den Nudelpfannkuchen zugedeckt so lange braten, bis der Käse geschmolzen ist. Sie können den Nudelpfannkuchen auch mit anderen Nudeln, zum Beispiel mit Spiralnudeln oder Penne zubereiten. Wenn Sie vom Vortag gekochte Nudeln übrig haben, ist ein Nudelpfannkuchen eine ideale Resteverwertung. Erhöhen Sie aber dann die Ölmenge, weil bereits am Vortag gegarte Nudeln mehr Fettzugabe benötigen, sie sind sonst zu trocken.

Spaghettiomelette

Zubereitungszeit
ca. 30 Min.

Zutaten für 4 Personen

200 g Spaghetti
100 g Blattspinat
6 Eier
Salz
schwarzer Pfeffer aus der Mühle
2 EL gehackte Petersilie
3 EL frisch geriebener Parmesan
100 g gekochter Schinken
100 g Mozzarella (z.B. Zottarella)
4 EL Butter

So wird's gemacht

1. Die Spaghetti in reichlich kochendem Salzwasser bißfest garen und auf einem Sieb abtropfen lassen.
2. Während die Spaghetti kochen, den Blattspinat verlesen, gründlich waschen, feinhacken und in wenig Salzwasser dünsten.
3. Die Eier in einer großen Schüssel mit Salz und Pfeffer gründlich verquirlen, dann Blattspinat, Petersilie, Spaghetti und Parmesan hinzufügen und alles gut vermischen.
4. Schinken und Mozzarella in feine Streifen schneiden. Die Hälfte der Butter in einer großen Eisenpfanne oder in einer beschichteten Pfanne erhitzen. Die Hälfte der Spaghetti-Ei-Masse in die Pfanne geben, Schinken- und Mozzarellastreifen darüberstreuen und das Ganze mit der restlichen Spaghetti-Ei-Masse bedecken.
5. Die Omelette bei geringer Hitze braten lassen, bis sich an der Unterseite eine braune Kruste gebildet hat.
6. Dann auf einen Teller gleiten lassen, die restliche Butter in die Pfanne geben und die Omelette auch von der anderen Seite goldbraun braten. Sofort servieren.

Variation

Anstatt mit Spinat können Sie die Omelette auch mit frischen, gehackten Kräutern, zum Beispiel mit je 2 Eßlöffeln Schnittlauch und Petersilie zubereiten.

Nudeln mit Fisch

Durch ihren zarten Eigengeschmack eignen sich Nudeln hervorragend zur Kombination mit feinen Fischfilets und delikaten Meeresfrüchten. In sämtlichen Küstenorten Italiens gibt es daher die raffiniertesten Nudelgerichte mit allem, was das Meer zu bieten hat. Die bekannten „Spaghetti alle vongole" sind dabei nur eine Möglichkeit von vielen, Feinschmeckerherzen höher schlagen zu lassen.

Bandnudeln mit Aal in Brunnenkressesauce

Zubereitungszeit
ca. 1 Std.

Zutaten für 4 Personen

1 küchenfertiger, gehäuteter Flußaal (ca. 1 kg)
schwarzer Pfeffer aus der Mühle
1 EL Zitronensaft
1 EL Mehl, 4 EL Öl
Salz, 2 Schalotten
6 EL Butter
1/8 Liter trockener Weißwein
1/4 Liter Fischfond (aus dem Glas)
250 g weiße Bandnudeln
300 g Sahne
1 Bund Brunnenkresse

So wird's gemacht

1. Den Aal unter fließendem Wasser waschen und in 20 gleich große Stücke schneiden. Die Stücke mit Pfeffer würzen und mit Zitronensaft beträufeln. Den Backofen auf 50 °C vorheizen.
2. Die Aalstücke in Mehl wenden, im Öl bei geringer Hitze etwa 12 Minuten braten, aus der Pfanne nehmen, salzen und im Ofen warm stellen. Die Schalotten schälen und fein würfeln. Die Butter in einer Pfanne erhitzen und die Schalotten darin glasig dünsten. Mit dem Weißwein ablöschen und auf die Hälfte einkochen lassen. Dann den Fischfond angießen und alles nochmals auf die Hälfte einkochen lassen.
3. Inzwischen vier Teller vorwärmen. Reichlich Salzwasser zum Kochen bringen und die Nudeln darin bißfest garen. Von der Sahne etwa 3 Eßlöffel abnehmen und steif schlagen. Die Brunnenkresse waschen, die Blättchen von den Stielen zupfen und die Stiele zusammen mit der restlichen Sahne in den eingekochten Fond geben. Die Sauce nochmals kurz aufkochen lassen und dann durch ein Sieb in eine hohe Schüssel gießen.
4. Die Brunnekresseblättchen zur Sauce geben und alles mit einem Passiergerät pürieren. Mit Salz und Pfeffer würzen, die geschlagene Sahne unterziehen und mit Zitronensaft abschmecken. Die Nudeln abgießen. Jeweils fünf Aalstücke kreisförmig auf vorgewärmte Teller legen und in die Mitte eine Portion Nudeln geben. Die Brunnenkressesauce über den Aal geben und servieren.

Grüne Nudeln mit Saltimbocca vom Seeteufel

Zubereitungszeit
ca. 40 Min.

Zutaten für 4 Personen
Grüner Nudelteig
(Rezept siehe Seite 12)
8 Fleischtomaten, 1 Schalotte
1 Knoblauchzehe, 6 EL Olivenöl
1/8 Liter Tomatensaft
Salz, Pfeffer aus der Mühle
1 EL gehacktes Basilikum
1 EL gehackter Estragon
600 g Seeteufelfilets, in 12 dünn geschnittenen Scheiben
12 Salbeiblätter
12 Scheiben Parmaschinken
6 EL Butter
1 Prise geriebene Muskatnuß
einige Salbeiblätter zum Dekorieren

So wird's gemacht

1. Grünen Nudelteig nach Rezeptanweisung von Seite 12 zubereiten. Den Teig nach der Ruhezeit dünn ausrollen und die Teigplatte zusammenrollen. Die Nudelteigrolle in beliebig breite Streifen schneiden und diese auf einem Küchentuch zum Trocknen ausbreiten.
2. Die Tomaten überkreuz einritzen, mit kochend heißem Wasser überbrühen, von Stielansätzen befreien, enthäuten, entkernen und das Fruchtfleisch würfeln. Schalotte schälen und fein hacken, den Knoblauch schälen und durch die Presse drücken. Etwa 2 Eßlöffel Olivenöl erhitzen und die Schalotte und den Knoblauch darin glasig dünsten. Die Tomatenwürfel dazugeben und kurz mitdünsten. Den Tomatensaft angießen, auf die Hälfte reduzieren, mit Salz und Pfeffer würzen, die Kräuter unterrühren.
3. Die Nudeln in reichlich Salzwasser bißfest garen. Die Seeteufelscheiben salzen, pfeffern und auf jede Scheibe ein Salbeiblatt und eine Scheibe Parmaschinken legen. Restliches Olivenöl erhitzen und die Fischscheiben von beiden Seiten darin kurz braten.
4. Die Nudeln abtropfen lassen, mit der Butter vermengen und mit Pfeffer und Muskatnuß würzen. Die Nudeln auf vorgewärmte Teller geben, jeweils drei Seeteufelscheiben daneben legen und die Zwischenräume jeweils mit Tomatensauce füllen. Mit Salbeiblättchen garnieren.

Bandnudeln mit Jakobsmuscheln

Zubereitungszeit
ca. 25 Min.

Zutaten für 4 Personen

1 Bund Schnittlauch
400 g Jakobsmuscheln
200 g Bandnudeln
Salz
schwarzer Pfeffer aus der Mühle
6 EL Butter
150 g Crème fraîche

So wird's gemacht

1. Den Schnittlauch waschen, mit Küchenkrepp abtupfen und in feine Röllchen schneiden. Die Jakobsmuscheln unter fließendem Wasser gründlich waschen.
2. Die Häute abstreifen, den Schließmuskel entfernen und schließlich die Muscheln trockentupfen.
3. Reichlich Salzwasser zum Kochen bringen und die Bandnudeln darin bißfest garen. Auf ein Sieb geben und abtropfen lassen. Die Jakobsmuscheln leicht mit Salz und Pfeffer würzen.
4. Die Butter in einer Pfanne erhitzen und die Jakobsmuscheln von jeder Seite je nach Größe etwa 1 1/2 Minuten braten.
5. In einem Topf die Crème fraîche erhitzen und die Nudeln dazugeben. Den Schnittlauch unterziehen und das Ganze mit Salz und Pfeffer abschmecken.
6. Die Nudeln auf vorgewärmten Tellern in der Mitte anrichten und die Jakobsmuscheln dekorativ anrichten.

Tip

Jakobsmuscheln schmecken zwischen November und März, der offiziellen Fangzeit in Europa, am besten. Der „Bart" und alle dunkleren Teile müssen vor der Zubereitung entfernt werden. Das cremig-weiße Fleisch des Schließmuskels ist zart, doch fest im Biß.

Grüne Nudeln mit Seezungen

Zubereitungszeit
ca. 55 Min.

Zutaten für 4 Personen

600 g küchenfertige Seezungenfilets
Salz, Pfeffer aus der Mühle
1/2 Fenchelknolle
1/2 Liter Fischfond (aus dem Glas)
250 g grüne Nudeln
100 g Crème fraîche
einige Dillspitzen zum Dekorieren

So wird's gemacht

1. Den Backofen auf 170 °C vorheizen. Die Seezungenfilets waschen, trockentupfen, salzen und pfeffern. Den Fenchel putzen, waschen und in Scheiben schneiden. Den Fischfond in einen Fischkochtopf oder einen feuerfesten Topf geben und die Fenchelscheiben darin verteilen.
2. Die Seezungenfilets auf die Fenchelscheiben legen. Den Topf auf die untere Einschubleiste des Ofens geben und die Seezungenfilets zugedeckt etwa 10 Minuten garen. Der Fisch darf nicht zerfallen!
3. Inzwischen reichlich Salzwasser zum Kochen bringen und die Nudeln darin bißfest garen. Auf einem Sieb abtropfen lassen und in eine vorgewärmte Schüssel füllen.
4. Den Fischtopf aus dem Ofen nehmen, die Seezungenfilets warm stellen, die Fenchelscheiben herausnehmen und den Fischfond auf dem Herd einkochen lassen.
5. Fenchel pürieren, Crème fraîche und reduzierten Fischfond einrühren. Mit Salz und Pfeffer abschmecken. Die Fenchelcreme auf vorgewärmten Tellern verteilen und jeweils die Seezungenfilets mit den Nudeln darauf anrichten. Mit Dillspitzen dekorieren.

Penne mit Sardinen

Zubereitungszeit
ca. 25 Min.

Zutaten für 4 Personen

1 kleine Fenchelknolle
2 Knoblauchzehen
2 Bund Dill
500 g frische küchenfertige Sardinenfilets
3 EL Olivenöl
60 g Pinienkerne
60 g Korinthen
Salz
schwarzer Pfeffer aus der Mühle
500 g Penne (z.B. „Penne lisce" von Buitoni)
Dillspitzen zum Garnieren

So wird's gemacht

1. Die Fenchelknolle putzen, waschen, das Fenchelgrün kleinschneiden, beiseite legen und das Fruchtfleisch würfeln. Den Fenchel in etwa 1/4 Liter kochendem Salzwasser 3 Minuten blanchieren, dann herausnehmen, auf einem Sieb kalt abschrecken und abtropfen lassen. Etwa 1/8 Liter Blanchierwasser aufbewahren.
2. Die Knoblauchzehen schälen und fein hacken. Den Dill waschen, trockenschleudern und fein zupfen. Die Sardinen unter fließendem Wasser waschen und eventuelle große Gräten mit einer Pinzette entfernen. Etwa 2 Eßlöffel Olivenöl in einer Pfanne erhitzen und die Sardinenfilets darin rundherum braun anbraten.
3. Restliches Olivenöl, Knoblauch und Pinienkerne zu den Sardinen geben und kurz mitbraten. Dann Fenchel, Korinthen, Fenchelgrün und Dill untermengen. Das Blanchierwasser angießen, alles mit Salz und Pfeffer abschmecken und zugedeckt ziehen lassen.
4. Reichlich Salzwasser zum Kochen bringen, die Penne darin bißfest garen, auf einem Sieb abtropfen lassen, in einer vorgewärmten Schüssel mit der Sardinensauce vermischen, mit Dillspitzen garnieren und sofort servieren.

Spaghetti mit Venusmuscheln

Zubereitungszeit
ca. 15 Min.

Zutaten für 4 Personen

1 kg frische Venusmuscheln
1/8 Liter trockener Weißwein
200 g Tomaten
2 Knoblauchzehen
2 El Olivenöl
2 EL gehacktes Basilikum
1 EL gehackte Petersilie
Salz
schwarzer Pfeffer aus der Mühle
500 g Spaghetti (z.B. von Buitoni)

So wird's gemacht

1. Die Muscheln unter fließendem Wasser gründlich abbürsten und in einen großen Topf geben. Den Weißwein angießen, das Ganze zum Kochen bringen und zugedeckt etwa 5 Minuten kochen, bis sich die Muscheln öffnen. Die Muscheln herausnehmen, abkühlen lassen und das Fleisch aus den Schalen lösen. Muscheln, die sich beim Kochen nicht geöffnet haben, unbedingt wegwerfen!
2. Die Tomaten überkreuz einritzen, mit kochend heißem Wasser überbrühen, vom Stielansatz befreien, enthäuten und das Fruchtfleisch fein würfeln. Die Knoblauchzehen schälen und fein hacken. Das Olivenöl in einer Pfanne erhitzen und Knoblauch sowie Tomatenwürfel darin andünsten.
3. Das Basilikum, die Petersilie und 3 Eßlöffel Muschelsud hinzufügen, mit Salz und Pfeffer abschmecken und das Ganze bei geringer Hitze etwa 3 Minuten köcheln lassen. Dann die Muscheln dazugeben und in der Sauce erhitzen.
4. Die Spaghetti in reichlich kochendem Salzwasser bißfest garen und auf einem Sieb abtropfen lassen. In einer vorgewärmten Schüssel mit der Muschelsauce vermischen, das Ganze mit einigen Muschelschalen dekorieren und sofort servieren.

Spaghetti mit Meeresfrüchten

Zubereitungszeit
ca. 1 Std.

Zutaten für 6 Personen

500 g kleine Miesmuscheln
500 g Venusmuscheln
300 g rohe Garnelen
300 g kleine küchenfertige Tintenfische
1 kleine rote Pfefferschote
1 Knoblauchzehe
5 EL Olivenöl
100 ml trockener Weißwein
2 cl Cognac
1 mittelgroße Karotte
1 kleiner Zucchino
1 kleine gelbe Paprikaschote
300 g Tomaten
500 g Spaghetti
Salz
schwarzer Pfeffer aus der Mühle

So wird's gemacht

1. Die Muscheln unter fließendem Wasser gründlich abbürsten. Die Garnelen aus den Schalen lösen. Die Tintenfische waschen und in Ringe schneiden. Die Pfefferschote waschen und fein schneiden. Die Knoblauchzehe schälen und fein hacken.
2. Das Olivenöl in einer tiefen Pfanne erhitzen und die Pfefferschote und den Knoblauch darin andünsten. Die Muscheln und die Tintenfische dazugeben und kurz erhitzen, bis sich die Muscheln öffnen. Die Muscheln herausnehmen, geschlossene unbedingt wegwerfen und den Sud durch ein Tuch abseihen, damit eventueller Sand zurückbleibt.
3. Einen Teil der Muscheln aus den Schalen lösen und zusammen mit Tintenfischen, restlichen Muscheln, Garnelen, Wein und Cognac im Sud dünsten. Karotte, Zucchino und Paprika waschen, putzen bzw. schälen und in feine Streifen schneiden. Das Gemüse zu den Meeresfrüchten geben.
4. Die Tomaten überkreuz einritzen, mit kochend heißem Wasser überbrühen, vom Stielansatz befreien, enthäuten und das Fruchtfleisch fein würfeln. Die Spaghetti in reichlich kochendem Salzwasser bißfest garen, abtropfen lassen und zu dem Meeresfrüchten geben. Zum Schluß die Tomatenwürfel unterrühren und alles mit Salz und Pfeffer abschmecken.

Schmetterlingsnudeln mit Thunfisch, Oliven und Kapern

Zubereitungszeit
ca. 20 Min.

Zutaten für 4 Personen

500 g Schmetterlingsnudeln (z.B. Farfalle von Buitoni)
100 g grüne Oliven
100 g in Essig eingelegte Kapern (aus dem Glas)
6 EL Butter
1 EL Sardellenpaste
1/4 Liter trockener Weißwein
200 g in Öl eingelegter Thunfisch (aus der Dose)
schwarzer Pfeffer aus der Mühle
einige Dillspitzen zum Garnieren

So wird's gemacht

1. Die Schmetterlingsnudeln in reichlich kochendem Salzwasser bißfest garen. Inzwischen die Oliven entkernen und kleinschneiden. Die Kapern abtropfen lassen und ebenfalls kleinschneiden.
2. Die Butter in einer Pfanne erhitzen und die Oliven und die Kapern darin andünsten. Dann die Sardellenpaste unterrühren. Den Weißwein angießen. Den Thunfisch abtropfen lassen, mit einer Gabel zerteilen und in die Pfanne geben. Die Sauce bei mittlerer Hitze 5 bis 10 Minuten köcheln lassen.
3. Die Nudeln auf einem Sieb abtropfen lassen und in einer vorgewärmten Schüssel mit der Thunfischsauce vermischen. Das Gericht mit Pfeffer und Dillspitzen bestreuen und servieren.

Hecht-Nudel-Terrine

Zubereitungszeit
ca. 1 Std. 30 Min.

Zutaten für 6 Personen

Für die Terrine:
450 g Hechtfilet, 1 Eiweiß
1 TL gut gekühlter Pernod
100 g geschlagene Sahne
1 TL Tomatenmark
1 g Safranpulver (1/2 Döschen)
Salz, Pfeffer aus der Mühle
5 g getrockneter Seetang
(in Asienläden erhältlich)

Für die Sauce:
3–4 frische Eier
5 EL Blutorangensaft
5 EL trockener Weißwein

Außerdem:
Butter für die Form
410 g Nudelplatten
1 Basilikumstengel zum Dekorieren

So wird's gemacht

1. Das Hechtfilet waschen, trockentupfen, mit einer Pinzette entgräten und grob würfeln. Die Würfel fein pürieren und anschließend kühl stellen. Wenn die Masse genügend erkaltet ist, Eiweiß, Pernod, Salz und Pfeffer dazugeben. Es ist wichtig, daß alle Zutaten kalt sind, damit eine optimale Bindung der Farce gewährleistet ist.
2. Die Farce durch ein Sieb in eine Schüssel streichen, die Schüssel in Eiswasser stellen und die Farce glattrühren. Die geschlagene Sahne unterheben und die Masse dritteln. Ein Drittel natur lassen, eines mit Tomatenmark und eines mit in 1 Eßlöffel Wasser aufgelöstem Safran einfärben.
3. Eine Terrinenform mit Butter ausstreichen und am Boden und an den Seiten jeweils mit einer Schicht Nudelplatten, einer Schicht Seetang und nochmals mit einer Schicht Nudelplatten auslegen. Schichtweise rote, helle und gelbe Farce auf den Nudelplatten verteilen, dabei immer schmaler werden, so daß die Terrine später im Anschnitt eine Pyramidenform hat. Die Terrine im leise köchelnden Wasserbad (ca. 80 °C) etwa 1 Stunde gar ziehen lassen.
4. Für die Sauce die Eier und den Orangensaft im warmen Wasserbad schaumig schlagen. Den Weißwein unter ständigem Schlagen einrühren und die Masse mit Salz und Pfeffer abschmecken. Die Terrine in Scheiben schneiden, zusammen mit der Blutorangensauce auf Teller geben und jeden Teller mit Basilikumblättchen dekorieren.

Ravioli mit Schollenfüllung

Zubereitungszeit
ca. 1 Std. 30 Min.

Zutaten für 4 Personen

Weißer Nudelteig (Rezept Seite 12)

Für die Füllung:

250 g küchenfertige Schollenfilets
2 TL Zitronensaft, 1 kleine Zwiebel
2 EL Butter, 1/2 Bund Petersilie
2 Blätter Salbei, je 50 g geriebener Sbrinz und Emmentaler
150 g Sahnequark
weißer Pfeffer, Salz

Außerdem:

1 Eiweiß für die Ränder
Mehl für das Küchentuch
1 TL Salz, 1 EL Öl
2 Blätter Salbei, 40 g Butter, Salz

So wird's gemacht

1. Weißen Nudelteig nach Rezeptanweisung von Seite 12 zubereiten. Den Teig zur Kugel formen. Eine Edelstahlschüssel heiß ausspülen und naß über die Teigkugel stülpen. Den Teig 30 Minuten unter der feuchtheißen Schüssel ruhen lassen. Inzwischen die Schollenfilets kalt überbrausen, trockentupfen und zusammen mit dem Zitronensaft pürieren.
2. Zwiebel schälen und fein würfeln. Butter erhitzen und Zwiebelwürfel darin glasig dünsten. Kräuter waschen, trockentupfen und fein hacken. Pürierte Fischfilets, Zwiebelwürfel, Käse und Kräuter unter den Sahnequark mischen, mit Pfeffer und Salz würzen.
3. Nudelteig auf einer bemehlten Arbeitsfläche dünn ausrollen und mit einem runden Förmchen Plätzchen ausstechen. Auf die Hälfte der Plätzchen die Schollenmasse verteilen, dabei den Rand freilassen und diesen mit verquirltem Eiweiß bestreichen. Die übrigen Plätzchen auf die „gefüllten" setzen und die Ränder fest andrücken.
4. Ravioli auf ein bemehltes Küchentuch legen und etwas antrocknen lassen. 4 Liter Salzwasser zum Kochen bringen, Öl hinzufügen und die Ravioli portionsweise bei schwacher Hitze ca. 5 Minuten köcheln lassen. Sobald sie an die Oberfläche steigen, sind sie gar. Mit einer Schaumkelle herausnehmen und gut abgetropft auf vorgewärmte Teller geben.
5. Salbei waschen, trockentupfen und fein hacken. In der Butter kurz dünsten, die Salbeibutter mit etwas Salz abrunden und über den Ravioli verteilen.

Bandnudeln mit Miesmuscheln

Zubereitungszeit
ca. 30 Min.

Zutaten für 4 Personen

400 g Bandnudeln
1–2 TL Salz
1 EL Öl
1–2 Knoblauchzehen
1 Zwiebel
300 g frische Champignons
1 Bund Petersilie
500 g Miesmuschelfleisch (aus der Dose)
6 EL Butter
Salz
weißer Pfeffer aus der Mühle
1 EL Butter zum Schwenken

So wird's gemacht

1. Die Bandnudeln in reichlich kochendes Salzwasser geben, das Öl hinzufügen und die Nudeln nach Packungsvorschrift bißfest garen.
2. Inzwischen die Knoblauchzehen und die Zwiebel schälen und beides fein hacken. Die Champignons waschen, putzen und blättrig schneiden. Die Petersilie waschen, trockentupfen und fein hacken. Die Muscheln abgießen und die Flüssigkeit auffangen.
3. Die Butter in einer Kasserolle erhitzen und die Knoblauch- und Zwiebelwürfel darin andünsten. Die Pilze und die Petersilie dazugeben und 5 Minuten mitdünsten. Dann 5 Eßlöffel von der Muschelflüssigkeit dazugeben und das Ganze zugedeckt bei schwacher Hitze 10 Minuten köcheln lassen. Inzwischen die Nudeln abgießen, in 1 Eßlöffel Butter schwenken, in eine Schüssel geben und warmhalten.
4. Das Muschelfleisch, Salz und Pfeffer in die Sauce geben, diese aufkochen lassen, über die Bandnudeln geben und alles sofort servieren.

Cannelloni mit Krabbenfüllung

Zubereitungszeit
ca. 1 Std.

Zutaten für 4 Personen
6 Frühlingszwiebeln
200 g Krabben (aus der Dose)
2 Tomaten, 50 g Champignons
1 EL Butter, 1 El Mehl
75 ml trockener Weißwein
Salz, Pfeffer aus der Mühle
1 EL gehackte Zitronenmelisse
150 g Cannelloni
1/4 Liter Tomatensauce
(siehe Rezept Seite 24)
1 EL Butter für die Form
100 g Mozzarella

So wird's gemacht

1. Frühlingszwiebeln putzen, waschen und in Scheiben schneiden. Krabben abgießen und waschen. Tomaten enthäuten und würfeln, Champignons fein hacken. Butter erhitzen und Gemüse sowie Krabben darin anschwitzen.
2. Mehl mit Weißwein verrühren und die Gemüsemischung damit binden. Salzen, pfeffern, die Zitronenmelisse unterziehen und die Masse abkühlen lassen. Den Backofen auf 200 °C vorheizen. Eine Tomatensauce nach Rezeptanweisung von Seite 24 zubereiten.
3. Die Cannelloni in kochendem Salzwasser 5 Minuten ziehen und abtropfen lassen. Mit einem Teelöffel die Gemüse-Krabben-Mischung hineinfüllen. Eine Auflaufform mit Butter ausstreichen und die Cannelloni hineinschichten. Die Tomatensauce angießen, Mozzarella in Scheiben schneiden und darüberlegen. Das Ganze in den Ofen geben und etwa 15 Minuten überbacken.

Farfalle mit Garnelen

Zubereitungszeit
ca. 30 Min.

Zutaten für 4 Personen

250 g Farfalle
(z.B. von Buitoni)
1 mittelgroßer Zucchino
1 Knoblauchzehe
1 Zwiebel, 2 EL Öl
200 g geschälte Tomaten
(aus der Dose)
3 EL roter Wermut
75 ml Fleischbrühe
(aus Instantpulver)
3 EL Sahne
1 EL gehackte Petersilie
Salz, Pfeffer aus der Mühle
300 g ausgelöste Tiefseegarnelen

So wird's gemacht

1. Die Farfalle in reichlich kochendem Salzwasser bißfest garen und auf einem Sieb gut abtropfen lassen. Inzwischen den Zucchino putzen, waschen und in feine Streifen schneiden. Die Knoblauchzehe und die Zwiebel schälen und würfeln.
2. Etwa 1 Eßlöffel Öl in einer Pfanne erhitzen und Zucchino, Knoblauch sowie Zwiebel darin glasig dünsten. Die Tomaten durch ein Sieb in die Pfanne streichen und etwas einkochen lassen. Den Wermut einrühren, die Brühe angießen und die Sauce etwa 5 Minuten offen köcheln lassen. Dann die Sahne und die Petersilie hinzufügen und die Sauce mit Salz und Pfeffer abschmecken.
3. Das restliche Öl in einer Pfanne erhitzen und die Garnelen darin rundherum anbraten. Die Nudeln auf Tellern anrichten, mit Sauce begießen und die Garnelen daraufgeben.

Tip

Wenn Sie es einmal besonders eilig haben, können Sie bei diesem Gericht auch auf eine Fertigsauce, zum Beispiel auf „Maggi fix" für „Spaghetti Romana" zurückgreifen. Das Zucchino-Zwiebel-Gemisch mit 1/4 Liter Wasser ablöschen, einen Beutel „Maggi fix" für „Spaghetti Romana" einrühren, zum Kochen bringen und 1 Minute kochen lassen. Dann Sahne und Petersilie einrühren und die Sauce ist fertig.

Bandnudeln mit Meeresfrüchten

Zubereitungszeit
ca. 30 Min.

Zutaten für 4 Personen

1 kg frische Miesmuscheln
$^1/_4$ Liter trockener Weißwein
400 g Rotbarschfilet
1 EL Zitronensaft
Salz
schwarzer Pfeffer aus der Mühle
100 g ausgelöste Tiefseegarnelen
250 g Bandnudeln
(z.B. von 3 GLOCKEN)
150 g Crème fraîche
5 EL gehacktes Basilikum
Basilikumblätter zum Garnieren

So wird's gemacht

1. Die Muscheln unter fließendem Wasser gründlich abbürsten und in einen großen Topf geben. Den Weißwein angießen, zum Kochen bringen und zugedeckt etwa 5 Minuten kochen lassen, bis sich die Muscheln öffnen. Die Muscheln herausnehmen, abkühlen lassen und das Fleisch aus den Schalen lösen. Muscheln, die sich beim Kochen nicht geöffnet haben, unbedingt wegwerfen! Etwa $^1/_8$ Liter Muschelsud zurückbehalten.
2. Das Rotbarschfilet waschen, trockentupfen, würfeln, mit Zitronensaft beträufeln, salzen und pfeffern. Die Garnelen kurz abbrausen, mit Zitronensaft, Salz und Pfeffer würzen. Die Bandnudeln in reichlich kochendem Salzwasser bißfest garen, abgießen (etwas Nudelwasser auffangen) und abtropfen lassen.
3. Den Muschelsud mit der Hälfte der Crème fraîche in einem breiten Topf verrühren und aufkochen lassen. Den Rotbarsch darin zugedeckt etwa 5 Minuten leicht köcheln lassen. Das Muschelfleisch und die Garnelen dazugeben, alles salzen und pfeffern und noch 2 bis 3 Minuten erhitzen.
4. Die restliche Crème fraîche mit etwas Nudelwasser und Basilikum verrühren, mit Salz und Pfeffer abschmecken. Die Nudeln mit der Fischsauce vermengen und auf Tellern anrichten. Jeweils etwas gewürzte Crème fraîche darübergeben, mit Basilikumblättern garnieren und das Gericht sofort servieren.

Spaghetti mit Scampi

Zubereitungszeit
ca. 25 Min.

Zutaten für 4 Personen

500 g Spaghetti (z.B. von Buitoni)
400 g vollreife Tomaten
1 Knoblauchzehe
2–3 scharfe rote Pfefferschoten
4 EL Olivenöl, 6–8 große Scampi
1 EL gehackte Petersilie
1/8 Liter trockener Weißwein, Salz

So wird's gemacht

1. Die Spaghetti in reichlich kochendem Salzwasser bißfest garen und auf einem Sieb gut abtropfen lassen. Die Tomaten überkreuz einritzen, mit kochend heißem Wasser überbrühen, vom Stielansatz befreien, enthäuten, entkernen und das Fruchtfleisch fein würfeln. Die Knoblauchzehe schälen und durch die Presse drücken. Die Pfefferschoten waschen und in kleine Stücke schneiden.
2. Das Olivenöl in einer großen Pfanne erhitzen und den Knoblauch und die Pfefferschoten darin andünsten. Die Scampi unter fließendem Wasser waschen, trockentupfen, den unteren Körperteil mit einem spitzen Messer der Länge nach halbieren und den dunklen Darm entfernen. Mit der Fleischseite nach unten in die Pfanne geben und etwa 3 Minuten braten, bis sie etwas Farbe angenommen haben. Dann umdrehen und auf der Schalenseite etwa 2 Minuten braten. Die Petersilie hinzufügen und mit Wein ablöschen.
3. Die Tomatenwürfel hinzufügen, alles einmal aufkochen lassen und die Scampi aus der Pfanne nehmen. Die Tomatensauce mit Salz abschmecken, die Spaghetti in die Pfanne geben, gut mit der Sauce vermengen und darin erhitzen. Die Spaghetti auf einer vorgewärmten Servierplatte anrichten und mit den Scampi garnieren.

Tip

Wenn Sie keine frischen Scampi bekommen, können Sie ersatzweise tiefgefrorene Scampischwänze in der Schale verwenden. Diese benötigen etwa 30 Minuten, um anzutauen und werden dann genauso wie frische Scampi weiterverarbeitet. Frische Scampi sollten nach dem Kauf so rasch wie möglich verzehrt werden, sie verderben leicht.

Grüne Bandnudeln mit Olivenseelachs

Zubereitungszeit
ca. 30 Min.

Zutaten für 4 Personen

2 Zwiebeln, 1 Knoblauchzehe
200 g eingelegte schwarze Oliven
600 g Seelachsfilet, 2 EL Butter
$^1/_4$ Liter trockener Weißwein
Salz, Pfeffer aus der Mühle
250 g grüne Bandnudeln

So wird's gemacht

1. Zwiebeln und Knoblauchzehe schälen und fein würfeln. Die Oliven abtropfen lassen. Das Seelachsfilet unter fließendem Wasser waschen, trockentupfen und in etwa fingerdicke Streifen schneiden.
2. Die Butter in einem Topf erhitzen und die Zwiebeln und die Knoblauchzehe darin andünsten. Das Seelachsfilet und die Oliven hinzufügen, den Weißwein angießen, alles mit Salz und Pfeffer würzen und zugedeckt bei geringer Hitze etwa 15 Minuten garen.
3. Inzwischen die Nudeln in reichlich kochendem Salzwasser bißfest garen und auf einem Sieb abtropfen lassen. Die Nudeln auf vorgewärmten Tellern verteilen, jeweils mit Fischsauce bedecken und servieren.

Variation

Sehr fein schmeckt dieses Gericht auch, wenn Sie anstelle von Seelachs 175 g fein geschnittenen Räucherlachs nehmen und die Sauce mit 400 g Sahne verfeinern. Lassen Sie aber dann die Oliven weg. Zwiebeln und Knoblauch mit Weißwein ablöschen, die Sahne angießen, den Räucherlachs hinzufügen und 5 Minuten in der Sauce ziehen lassen.

Butternudeln mit Lachs und Mozzarella

Zubereitungszeit
ca. 30 Min.

Zutaten für 4 Personen

250 g Bandnudeln
200 g Lachsfilet
150 g Mozzarella
2 Tomaten
einige Basilikumblätter
2 EL Olivenöl
Salz, weißer Pfeffer aus der Mühle
Butter für die Form
4 EL Crème fraîche

So wird's gemacht

1. Die Bandnudeln in reichlich kochendem Salzwasser bißfest garen und auf einem Sieb gut abtropfen lassen. Das Lachsfilet unter fließendem Wasser waschen, trockentupfen und in Würfel schneiden. Mozzarella ebenfalls würfeln. Den Backofen auf 250 °C vorheizen.
2. Die Tomaten überkreuz einritzen, mit kochend heißem Wasser überbrühen, vom Stielansatz befreien, enthäuten, entkernen und das Fruchtfleisch fein würfeln. Die Basilikumblätter waschen, trockentupfen und in feine Streifen schneiden.
3. Die kochendheißen Nudeln in einer Schüssel mit Olivenöl, Lachs, Mozzarella, Tomaten und Basilikum gut vermengen und mit Salz und Pfeffer würzen.
4. Eine Auflaufform mit Butter ausstreichen und die Nudel-Fisch-Masse darin verteilen. Die Crème fraîche mit einer Gabel verrühren und über die Masse geben. Das Ganze im Ofen etwa 1 1/2 Minuten überbacken.

(auf dem Foto: unten)

Maultaschen mit Hecht und Lachs in Buttersauce

Zubereitungszeit
ca. 1 Std. 40 Min.
Zeit zum Kühlen
ca. 2 Std.

Zutaten für 4 Personen

Weißer Nudelteig
(Rezept siehe Seite 12)
Für die Füllung:
60 g gut gekühltes Hechtfilet
1 Eiweiß
60 g gut gekühlte Sahne
Salz
schwarzer Pfeffer aus der Mühle
60 g Lachsfilet
1 TL fein gehackter Dill
Für die Buttersauce:
1 Schalotte
2 EL Butter
100 ml trockener Weißwein
100 ml Fischfond (aus dem Glas)
4 EL trockener Wermut
5 EL gut gekühlte Salzbutter
weißer Pfeffer aus der Mühle
etwas Zitronensaft
Außerdem:
1 verquirltes Ei
einige Dillspitzen zum Dekorieren

So wird's gemacht

1. Weißen Nudelteig nach Rezeptanweisung von Seite 12 zubereiten. Den Teig in ein feuchtes Tuch gewickelt 1 Stunde ruhen lassen.
2. Für die Füllung das Hechtfilet in Würfel schneiden und mit Salz und Pfeffer würzen. In der Küchenmaschine oder mit einem Püriergerät zusammen mit dem Eiweiß fein pürieren und nach und nach die Sahne einarbeiten. Die Masse durch ein Haarsieb streichen und mindestens 2 Stunden kühl stellen. Dann das Lachsfilet in feine Würfel schneiden und zusammen mit dem Dill unter die Hechtfarce mischen. Nochmals mit Salz und Pfeffer abschmecken.
3. Für die Sauce die Schalotte schälen, fein würfeln und in der Butter andünsten. Mit Weißwein, Fischfond und Wermut ablöschen und auf ein Viertel der Menge einkochen lassen. Die Sahne hinzufügen, nochmals aufkochen lassen und dann die Salzbutter stückchenweise mit dem Schneebesen oder dem Mixstab des Küchenquirls einarbeiten. Die Sauce mit weißem Pfeffer und Zitronensaft abschmecken und im Wasserbad warmhalten.
4. Den Nudelteig in zwei gleich große Hälften teilen und auf einer bemehlten Arbeitsfläche dünn ausrollen. Mit einem Messerrücken auf einer Hälfte Quadrate von etwa 2,5 cm Kantenlänge markieren und diese mit verquirltem Ei bestreichen.
5. Die Hecht-Lachs-Füllung mit einem Teelöffel in die Mitte der Quadrate setzen. Die zweite Teighälfte darauflegen und mit den Fingern die Teigplatte an den Zwischenräumen andrücken, dabei möglichst keine Luft einschließen. Die Maultaschen mit einem Teigrädchen ausschneiden.
6. Die Maultaschen in reichlich kochendem Salzwasser etwa 5 Minuten garen, mit dem Schaumlöffel herausnehmen, gut abtropfen lassen und auf vorgewärmten Tellern verteilen. Jede Portion mit Buttersauce übergießen und mit einer Dillspitze dekorieren.

(auf dem Foto: oben)

Sternennudeln mit Hechtfüllung

Zubereitungszeit:
ca. 1 Std.

Zutaten für 4 Personen

Weißer Nudelteig
(Rezept siehe Seite 12)

Für die Füllung:

250 g Hechtfilet, 1 Ei
2 EL Mehl, 2 EL Speisestärke
1 EL gehackte Petersilie
1 EL gehackter Dill
2 EL Zitronensaft
einige Spritzer Worcestershiresauce
Salz
schwarzer Pfeffer aus der Mühle
1 Prise geriebene Muskatnuß

Für die Sauce:

5 EL Butter, 5 EL Mehl
1/4 Liter Fleischbrühe
(aus Instantpulver)
1/8 Liter trockener Weißwein
125 g Sahne
5 EL frisch geriebener Parmesan

So wird's gemacht

1. Weißen Nudelteig nach Rezeptanweisung von Seite 12 zubereiten. Den Teig nach der Ruhezeit dünn ausrollen, mit einem Ausstechförmchen Sterne ausstechen und diese auf einem Küchentuch zum Trocknen ausbreiten.
2. Für die Füllung das Hechtfilet kalt abspülen, trockentupfen und pürieren. Mit Ei, Mehl, Speisestärke und Kräutern in einer Schüssel zu einer kompakten Masse verarbeiten. Die Masse mit Zitronensaft, Worcestershiresauce, Salz, Pfeffer und Muskatnuß würzen und mit einem Teelöffel auf die Hälfte der Teigsterne verteilen. Die Ränder der Sterne mit Wasser bestreichen.
3. Die andere Hälfte der Sterne darüberlegen und die Ränder gut andrücken. Die gefüllten Sterne in reichlich kochendem Salzwasser 5 bis 10 Minuten ziehen lassen. Inzwischen für die Sauce die Butter in einem Topf erhitzen, das Mehl einrühren und hellgelb anschwitzen lassen. Fleischbrühe, Weißwein und Sahne einrühren und die Sauce unter Rühren 5 Minuten köcheln lassen. Dann den Parmesan unterziehen und die Sauce mit Salz und Pfeffer abschmecken.
4. Die gefüllten Sterne mit einem Schaumlöffel aus dem Kochwasser nehmen, gut abtropfen lassen, auf Tellern anrichten, mit der Sauce überziehen und sofort servieren.

Tomatenspaghetti mit Tintenfisch-ragout

Zubereitungszeit
ca. 1 Std.

Zutaten für 4 Personen

4 Knoblauchzehen
1 TL Salz
1 Zwiebel
1 Bund Suppengemüse (Karotte, Sellerie, Lauch, Petersilienwurzel)
4 EL Olivenöl
500 g TK-Tintenfisch
2 EL Tomatenmark
1/8 Liter Rotwein
1/8 Liter Fleischbrühe (aus Instantpulver)
4 Tomaten
Salz
schwarzer Pfeffer aus der Mühle
1 TL gehackter Thymian
1 TL gehackter Oregano
400 g rote Spaghetti
Basilikumblätter zum Garnieren

So wird's gemacht:

1. Die Knoblauchzehen schälen und zusammen mit dem Salz im Mörser zerreiben. Die Zwiebel schälen und fein hacken. Das Suppengemüse putzen, waschen und würfeln.
2. Das Olivenöl in einem Topf erhitzen und den Knoblauch darin anschwitzen. Die Zwiebel und das Suppengemüse dazugeben und glasig dünsten. Den Tintenfisch unter fließendem Wasser waschen, in mundgerechte Stücke schneiden und zum Gemüse geben.
3. Das Tomatenmark einrühren, mit Rotwein und Fleischbrühe aufgießen und das Ragout zugedeckt 40 bis 45 Minuten bei geringer Hitze garen. Dann die Tomaten überkreuz einritzen, mit kochend heißem Wasser überbrühen, vom Stielansatz befreien, enthäuten, entkernen, das Fruchtfleisch fein würfeln und dazugeben. Das Ragout mit Salz, Pfeffer und den Kräutern würzen.
4. Die Spaghetti in reichlich kochendem Salzwasser bißfest garen, auf einem Sieb abtropfen lassen und auf Tellern verteilen. Jede Portion mit Ragout überziehen, mit Basilikumblättern garnieren und sofort servieren.

Penne mit Thunfisch

Zubereitungszeit
ca. 15 Min.

Zutaten für 4 Personen

6 EL Butter
250 g Thunfisch in Olivenöl (aus der Dose)
1 EL Aniskörner
etwas abgeriebene Schale von 1 unbehandelten Zitrone
125 g Sahne
Salz
schwarzer Pfeffer aus der Mühle
500 g Penne
2 EL gehackte Petersilie

So wird's gemacht

1. Die Hälfte der Butter in einem Topf schmelzen. Den Thunfisch dazugeben und mit einer Gabel zerdrücken. Den Anis mahlen, einrühren und etwas Zitronenschale hinzufügen.
2. Das Ganze umrühren und etwa 5 Minuten bei milder Hitze köcheln lassen. Dann die Sahne angießen und die Sauce mit Salz und Pfeffer abschmecken.
3. In der Zwischenzeit die Penne in reichlich Salzwasser bißfest garen und auf einem Sieb gut abtropfen lassen. Die restliche Butter in eine Schüssel geben, die Nudeln und die Sauce hinzufügen und alles gut vermengen. Vor dem Servieren mit Petersilie bestreuen.

(auf dem Foto: links)

Spiralnudeln an Carretierasauce

Zubereitungszeit
ca. 30 Min.

Zutaten für 4 Personen
100 g Lauch, 2 Fleischtomaten
1 Apfel (z.B. Granny Smith)
200 g kleine Zucchini
2 EL Butter, 2 EL Olivenöl
Salz, 1/2 TL Ingwerpulver
250 g Thunfisch in Öl (Dose)
1 TL gemahlener Anis, 200 g Sahne
schwarzer Pfeffer aus der Mühle
500 g dreifarbige Spiralnudeln

So wird's gemacht

1. Den Lauch putzen, waschen und in feine Ringe schneiden. Die Tomaten überkreuz einritzen, mit kochend heißem Wasser überbrühen, vom Stielansatz befreien, enthäuten, entkernen und das Fruchtfleisch fein würfeln. Den Apfel schälen, vom Kerngehäuse befreien und würfeln, die Zucchini putzen, waschen und in Stifte schneiden. Lauch, Tomaten und Apfel in der Butter andünsten, 100 ml Wasser angießen und etwa 10 Minuten dünsten, dabei umrühren.
2. Die Zucchini im Olivenöl anbraten, mit Salz und Ingwer würzen, unter ständigem Rühren nochmals 10 Minuten braten. Den Thunfisch zerpflücken, zusammen mit dem Anis zum Lauch-Tomaten-Gemisch geben, die Sahne angießen und die Sauce 5 Minuten köcheln lassen. Mit Pfeffer abschmecken.
3. Die Spiralnudeln in reichlich kochendem Salzwasser bißfest garen, auf einem Sieb abtropfen lassen und auf Tellern verteilen. Jede Portion mit Sauce übergießen und die Zucchini darüber verteilen.

(auf dem Foto: rechts)

Nudelpaella

Zubereitungszeit
ca. 1 Std.

Zutaten für 4 Personen

200 g Spiralnudeln
2 Knoblauchzehen
1 TL Salz, 1 Zwiebel
1 EL Butter
300 g Maiskörner (aus der Dose)
300 g Erbsen und Karotten (aus der Dose)
4 Tomaten
1/4 Liter trockener Weißwein
400 g TK-Meeresfrüchte
Salz, Pfeffer aus der Mühle
etwas Zitronensaft
1 Spritzer Worcestershiresauce
2 EL gehackte Pfefferminze
120 g frisch geriebener Emmentaler

So wird's gemacht

1. Die Nudeln in reichlich kochendem Salzwasser bißfest garen. Die Knoblauchzehen schälen und zusammen mit dem Salz im Mörser zerreiben. Die Zwiebel schälen und fein hacken.
2. Die Butter in einer beschichteten Pfanne erhitzen und den Knoblauch und die Zwiebel darin glasig dünsten. Mais, Erbsen und Karotten abgießen, abtropfen lassen und dazugeben. Den Backofen auf 200 °C vorheizen.
3. Dann die Tomaten überkreuz einritzen, mit kochend heißem Wasser überbrühen, vom Stielansatz befreien, enthäuten, entkernen, das Fruchtfleisch fein würfeln und in die Pfanne geben. Mit Weißwein ablöschen und die Meeresfrüchte hinzufügen.
4. Die Sauce mit Salz, Pfeffer, Zitronensaft und Worcestershiresauce kräftig abschmecken und etwa 10 Minuten köcheln lassen.
5. Die Nudeln und die Pfefferminze unter die Sauce heben. Die Paella mit Emmentaler bestreuen und im Ofen 5 bis 10 Minuten überbacken.

Farfalle mit Krabben

Zubereitungszeit
ca. 15 Min.

Zutaten für 4 Personen

400 g frische Krabben
1/2 rote Pfefferschote
4 EL Olivenöl
500 g Farfalle
100 g Mascarpone
oder Doppelrahmfrischkäse
125 g Sahne, Salz

So wird's gemacht

1. Die Krabben schälen. Die Pfefferschote waschen und fein hacken. Das Olivenöl in einer großen Pfanne erhitzen und die Krabben und die Pfefferschote darin 5 Minuten anbraten.
2. Inzwischen reichlich Salzwasser zum Kochen bringen. Etwas von dem Salzwasser zu den Krabben geben und diese nochmals 5 Minuten kochen. Dann salzen, den Topf vom Herd nehmen und den Mascarpone oder Doppelrahmfrischkäse sowie Sahne unterrühren.
3. Die Farfalle in das Salzwasser geben und darin bißfest garen. Auf einem Sieb schütten, gut abtropfen lassen, in eine vorgewärmte Schüssel füllen und die Sauce darüber verteilen.

Tip

Sie können dieses Gericht auch mit Krabben aus der Dose zubereiten. Kochen Sie die Sauce dann aber insgesamt nur 5 Minuten und salzen sie nicht nach, die Krabben aus der Dose enthalten bereits genügend Salz.

Variation

Geben Sie 100 g feingehackten, in Salzwasser gedünsteten Blattspinat zur Sauce, sie schmeckt so feiner.

Nudeln mit Fleisch

Bei Nudelgerichten mit Fleisch spielen in Italien die Nudeln die Hauptrolle. Entgegen den hier üblichen Menügewohnheiten werden Nudeln dort niemals als Beilage zu Fleisch serviert, sondern stellen immer einen eigenen Gang dar. Gleich, ob es die Pasta mit der berühmten „Sauce bolognese“ ist oder ob es die mit Entenleber gefüllten Ravioli sind, als appetitanregende Vorspeise oder als magenfüllende Hauptspeise: Nudeln mit Fleisch sind immer eine Versuchung!

Hähnchenbrust mit jungen Gemüsen im Nudelteig

Zubereitungszeit
ca. 40 Min.

Zutaten für 4 Personen

Weißer Nudelteig
(Rezept siehe Seite 12)
1 kleiner Blumenkohl
200 g Brokkoli, 200 g Zucchini
2 Tomaten, 1/2 Liter Gemüsebrühe
(aus Instantpulver)
400 g Hähnchenbrust
60 g Butterschmalz (z.B. Butaris)
Salz, Pfeffer aus der Mühle
Butter für die Form
100 g frisch geriebener Greyerzer
1 EL Butterflöckchen

So wird's gemacht

1. Weißen Nudelteig nach Rezeptanweisung von Seite 12 zubereiten. Den Teig nach der Ruhezeit dünn ausrollen, auf die Größe der zu verwendenden Auflaufform Quadrate bzw. Teigplatten zuschneiden. Die Teigplatten kurz antrocknen lassen, dann in kochendem Salzwasser etwa 5 Minuten garen, abschrecken und auf ein feuchtes Tuch legen.
2. Alle Gemüsesorten bis auf die Tomaten putzen und waschen. Blumenkohl und Brokkoli in Röschen teilen, die Zucchini in Stifte schneiden. Die Tomaten überkreuz einritzen, mit kochend heißem Wasser überbrühen, von Stielansätzen befreien, enthäuten, entkernen und das Fruchtfleisch würfeln.
3. Die Gemüsebrühe zum Kochen bringen und Blumenkohl, Brokkoli und Zucchini darin 3 bis 4 Minuten vorgaren. Die Hähnchenbrust kalt abspülen, trockentupfen und in mundgerechte Stücke schneiden. Das Butterschmalz erhitzen, die Hähnchenbruststücke darin goldbraun braten. Das Fleisch mit Salz und Pfeffer würzen, die Tomaten und das restliche Gemüse dazugeben und alles 3 Minuten braten. Den Backofen auf 200 °C vorheizen.
4. Eine Auflaufform mit Butter ausstreichen und mit Teigplatten auslegen. Eine Schicht Huhn-Gemüse-Mischung darauf verteilen, dann wieder Teigplatten darüberschichten. Auf diese Weise fortfahren, bis alles verbraucht ist. Zum Schluß Greyerzer darüberstreuen, Butterflöckchen daraufsetzen und das Ganze im Ofen etwa 10 Minuten überbacken.

Bandnudeln mit Hasenragout

Zubereitungszeit
ca. 1 Std. 20 Min.

Zutaten für 4 Personen

500 g Hasenkeulenfleisch
50 g geräucherter durchwachsener Speck
1 Zwiebel
1 Knoblauchzehe
2 Stangen Staudensellerie
1 große Fleischtomate
2 EL Olivenöl
1 EL Tomatenmark
150 ml trockener Rotwein
4 schwarze Pfefferkörner
2 Lorbeerblätter
Salz
schwarzer Pfeffer aus der Mühle
1 Msp. getrockneter Thymian
500 g dünne Bandnudeln (z.B. Fettuccine von Buitoni)
Selleriegrün zum Garnieren

So wird's gemacht

1. Das Hasenfleisch kalt abspülen, trockentupfen und in kleine Würfel schneiden. Den Speck fein würfeln. Zwiebel und Knoblauch schälen und fein hacken. Staudensellerie putzen, waschen und würfeln. Die Fleischtomate überkreuz einritzen, mit kochend heißem Wasser überbrühen, vom Stielansatz befreien, enthäuten, entkernen und das Fruchtfleisch würfeln.
2. Das Olivenöl in einer großen Pfanne erhitzen und den Speck darin glasig braten. Das Hasenfleisch dazugeben und rundherum kräftig anbraten. Die Hitze reduzieren, das Tomatenmark einrühren, kurz mitschmoren lassen, dann Zwiebel, Knoblauch, Staudensellerie sowie Tomatenwürfel hinzufügen und kurz mitbraten. Mit Rotwein und 150 Milliliter Wasser ablöschen. Pfefferkörner und Lorbeerblätter hinzufügen und mit Salz, Pfeffer und Thymian würzen. Das Ragout zugedeckt bei geringer Hitze etwa 1 Stunde schmoren lassen.
3. Etwa 10 Minuten vor Ende der Garzeit reichlich Salzwasser zum Kochen bringen und die Bandnudeln darin bißfest garen. Die Nudeln auf einem Sieb abtropfen lassen, in eine vorgewärmte Schüssel füllen und mit dem Hasenragout mischen. Vor dem Servieren mit Selleriegrün garnieren.

Spätzle mit Schweinemedaillons

Zubereitungszeit
ca. 35 Min.
Zeit zum Einweichen
ca. 30 Min.

Zutaten für 4 Personen

2 EL getrocknete Steinpilze
1/4 Liter Rinderfond (aus dem Glas)
80 g Crème double, Salz
schwarzer Pfeffer aus der Mühle
400 g TK-Erbsen
500 g Schweinefilet
250 g Spätzle, 5 EL Butter

So wird's gemacht

1. Die Steinpilze etwa 30 Minuten in lauwarmem Wasser einweichen und anschließend herausnehmen. Das Einweichwasser durch ein Tuch gießen und auffangen. Die Pilze putzen und unter fließendem Wasser gründlich waschen.
2. Rinderfond zusammen mit dem Einweichwasser und den Pilzen zum Kochen bringen und auf etwa 1/4 Liter reduzieren. Die Pilze herausnehmen, fein pürieren und wieder zum Fond geben. Crème double unterziehen und mit Salz und Pfeffer würzen.
3. Die Erbsen in wenig Salzwasser gar dünsten. Das Schweinefilet enthäuten, in fingerdicke Scheiben schneiden und diese mit Salz und Pfeffer würzen. Die Spätzle in reichlich kochendem Salzwasser gemäß der Packungsanweisung garen und auf einem Sieb abtropfen lassen.
4. Butter erhitzen. Medaillons etwa 1 Minute von jeder Seite braten. Die Sauce jeweils auf vorgewärmte Teller gießen, die Medaillons darauf anrichten, je eine Portion Erbsen und Spätzle dazugeben.

(auf dem Foto: oben)

Bandnudeln mit Schweinegulasch

Zubereitungszeit
ca. 1 Std. 15 Min.

Zutaten für 4 Personen

600 g Schweinefleisch
Salz, Pfeffer aus der Mühle
3 EL Butterschmalz
2 Zwiebeln, 4 EL Butter
1/8 Liter trockener Rotwein
6 EL eiskalte Butter
3 EL Crème double
1 Prise Cayennepfeffer
1/2 TL Rosenpaprikapulver
1 rote Paprikaschote
250 g Champignons
250 g breite Bandnudeln

So wird's gemacht

1. Das Schweinefleisch in mundgerechte Würfel schneiden, mit Salz und Pfeffer würzen. Butterschmalz erhitzen und das Fleisch darin knusprig braun braten.
2. Zwiebel schälen, hacken und in 3 Eßlöffeln Butter glasig dünsten, zum Fleisch geben, den Rotwein angießen und bei mittlerer Hitze etwa 35 Minuten schmoren. Kalte Butter unterrühren, Crème double einrühren und mit Cayennepfeffer und Rosenpaprika würzen.
3. Paprikaschote waschen, Stielansatz und Kerne entfernen, das Fruchtfleisch in feine Streifen schneiden. Champignons putzen und in Scheiben schneiden und mit den Paprikastreifen in der restlichen Butter dünsten. Gemüse pfeffern und salzen und kurz vor Ende der Garzeit zum Gulasch geben. Die Nudeln in reichlich kochendem Salzwasser bißfest garen, abtropfen lassen und mit dem Gulasch anrichten.

(auf dem Foto: unten)

Grüne Nudeln mit Kalbsrouladen

Zubereitungszeit
ca. 50 Min.

Zutaten für 4 Personen

2 Birnen (300 g)
150 g Gorgonzola
4 EL Amaretto (Mandellikör)
4 Kalbsrouladen (à 180 g)
weißer Pfeffer aus der Mühle
12 frische Salbeiblätter
4 dünne Scheiben Parmaschinken
2 EL Olivenöl
2 EL Butter
2 TL Zitronensaft
125 ml trockener Weißwein
250 g grüne Bandnudeln
125 g Sahne
weißer Pfeffer aus der Mühle

So wird's gemacht

1. Die Birnen schälen, vom Kerngehäuse befreien und würfeln. Zwei Drittel des Gorgonzola mit einer Gabel zerdrücken, 2 Eßlöffel Amaretto untermischen und die Birnenstückchen untermengen.
2. Das Rouladenfleisch trockentupfen, pfeffern und mit jeweils 3 Salbeiblättchen belegen. Jeweils 1 Scheibe Parmaschinken darauflegen und etwas von der Gorgonzolamasse daraufstreichen. Das Fleisch von der schmalen Seite her aufrollen und mit Spießchen feststecken.
3. Das Öl mit der Butter erhitzen und die Rouladen bei mittlerer Hitze rundherum braun braten. Mit Zitronensaft und Wein ablöschen und zugedeckt 25 Minuten schmoren lassen, dabei ein- bis zweimal umdrehen.
4. Inzwischen die Bandnudeln in reichlich Salzwasser bißfest garen. Dann auf ein Sieb gießen, abtropfen lassen und warmstellen.
5. Die Rouladen aus der Pfanne nehmen und warmstellen. Den restlichen Gorgonzola und die Sahne in die Bratenflüssigkeit rühren und aufkochen. Die Sauce mit Pfeffer und dem restlichen Amaretto abschmecken.
6. Die Bandnudeln zusammen mit den Rouladen auf einer vorgewärmten Platte anrichten und die Sauce über das Fleisch gießen.

Tip

Dazu paßt gedünsteter Brokkoli.

Bunte Nudeln mit Schweinefleisch-rouladen

Zubereitungszeit
ca. 1 Std.

Zutaten für 4 Personen

4 Schweineschnitzel (à 150 g)
Pfeffer aus der Mühle, Salz
250 g Kurpflaumen ohne Stein
150 g geraspelte Äpfel
1–2 EL Zitronensaft
3 EL Honig
250 g bunte Spiralnudeln
3 EL Pflanzenöl
$^1/_2$ Liter Fleischbrühe (aus Instantpulver)
1–2 TL Speisestärke zum Binden

So wird's gemacht

1. Schnitzel klopfen, mit Pfeffer und Salz würzen. Für die Füllung Pflaumen fein würfeln und mit Äpfeln, Zitronensaft und Honig mischen.
2. Die Mischung auf dem Fleisch verteilen, dieses aufrollen, dabei seitliche Ränder einschlagen und die Rouladen jeweils mit einem Metallspießchen feststecken.
3. Öl erhitzen und die Rouladen von allen Seiten darin 5 bis 8 Minuten scharf anbraten. Mit etwas Brühe ablöschen, die Rouladen bei mittlerer Hitze zugedeckt 40 Minuten schmoren lassen, dabei immer wieder etwas Brühe angießen.
4. Die Nudeln in reichlich Salzwasser bißfest garen und abtropfen lassen. Die Rouladen herausnehmen, einige Eßlöffel Bratenfond abnehmen und mit der Stärke glattrühren. Diese Mischung in den köchelnden Fond rühren und aufkochen lassen. Die Rouladen wieder in die Sauce geben und zusammen mit den Nudeln anrichten.

Breite Nudeln mit Kalbspaprikasch

Zubereitungszeit
ca. 1 Std. 30 Min.

Zutaten für 6 Personen

1,5 kg ausgelöstes Kalbfleisch
von der Wade
(Knochen mitgeben lassen!)
3 EL Butterschmalz
500 g Zwiebeln
2 Knoblauchzehen
1 EL edelsüßes Paprikapulver
weißer Pfeffer aus der Mühle
Salz
1/2 TL Kümmel
1/2 TL getrockneter Majoran
1/4 Liter trockener Weißwein
250 g extra breite Nudeln
200 g Crème fraîche
etwas Rosenpaprika
1 kleine rote Paprikaschote

So wird's gemacht

1. Das Fleisch in Würfel mit 3 bis 4 cm Kantenlänge schneiden. Das Butterschmalz in einem Schmortopf erhitzen und das Fleisch mit den ausgelösten Knochen darin von allen Seiten scharf anbraten, bis das Fleisch schöne knusprige Ränder hat. Alles herausnehmen und warmstellen.
2. Zwiebeln und Knoblauchzehen schälen und hacken, im Bratfett weichdünsten. Das Fleisch und die Knochen wieder dazugeben. Mit Paprika überpudern und so lange unter mehrmaligem Wenden bei mittlerer Hitze schmoren, bis alles rot überzogen ist und glänzt.
3. Salz und Gewürze untermengen, den Wein angießen und das Fleisch gut durchrühren. Das Ganze zugedeckt gut 1 Stunde sanft schmoren lassen.
4. Etwa 15 Minuten vor Ende der Garzeit reichlich Salzwasser zum kochen bringen. Die breiten Nudeln darin bißfest garen, auf ein Sieb schütten, abtropfen lassen und warmstellen.
5. Die Knochen aus dem Topf nehmen. Crème fraîche einrühren und die Sauce abschmecken. Die Paprikaschote waschen, putzen und fein würfeln, dann in die Sauce geben. Das Kalbspaprikas zusammen mit den Nudeln auf vorgewärmten Tellern servieren.

Grüne Nudeln mit Hackfleisch-Gemüse-Pfanne

Zubereitungszeit
ca. 30 Min.

Zutaten für 4 Personen

je 1 rote, grüne und gelbe Paprikaschote
1 Zucchino
2 Zwiebeln
2 EL Butter
500 g gemischtes Hackfleisch
Salz
1 Prise Cayennepfeffer
1/2 TL edelsüßes Paprikapulver
200 g Sahne
2 EL Crème fraîche
4 cl Korn (z.B. Bommerlunder)
1 Prise Zucker
400 g grüne Bandnudeln

So wird's gemacht

1. Die Paprikaschoten waschen, den Stielansatz und die Kerne entfernen und das Fruchtfleisch würfeln Den Zucchino waschen, putzen und in Scheiben schneiden. Die Zwiebeln schälen und fein hacken.
2. Die Butter in einer Pfanne erhitzen und das Gemüse darin unter Rühren etwa 5 Minuten andünsten. Dann das Hackfleisch dazugeben und krümelig braten. Die Gemüse-Hackfleisch-Mischung mit Salz, Cayennepfeffer und Paprikapulver würzen.
3. Sahne, Crème fraîche und Korn einrühren und das Ganze zugedeckt bei geringer Hitze etwa 10 Minuten schmoren lassen.
4. Zum Schluß den Zucker hinzufügen und eventuell nochmals würzen. Die Nudeln in reichlich kochendem Salzwasser bißfest garen, auf einem Sieb abtropfen lassen und zu der Hackfleisch-Gemüse-Mischung servieren.

Bandnudeln mit Schweinekoteletts und Basilikumsauce

Zubereitungszeit
ca. 25 Min.

Zutaten für 4 Personen

250 g Bandnudeln
2 EL Butterschmalz
(z.B. von Butaris)
4 Schweinekoteletts (à ca. 125 g)
Salz
schwarzer Pfeffer aus der Mühle
1/8 Liter Fleischbrühe
(aus Instantpulver)
125 g Sahne
2 EL gehacktes Basilikum

So wird's gemacht

1. Die Nudeln in reichlich kochendem Salzwasser bißfest garen und auf einem Sieb abtropfen lassen. Das Butterschmalz in einer großen Pfanne erhitzen und die Koteletts darin jeweils von beiden Seiten scharf anbraten. Dann die Hitze reduzieren und das Fleisch unter mehrmaligem Wenden 5 bis 6 Minuten weiterbraten.
2. Die Koteletts aus der Pfanne nehmen, salzen, pfeffern und warm stellen. Den Bratensatz mit der Brühe loskochen, dann die Sahne angießen, das Basilikum einrühren und die Sauce etwa 3 Minuten leise köcheln lassen.
3. Die Nudeln in die Pfanne geben und gründlich mit der Sauce vermengen. Auf vorgewärmten Tellern verteilen und jeweils ein Kotelett darauf anrichten.

Tip

Dazu passen Blattsalate.

Variation

Verfeinern Sie die Basilikumsauce, indem Sie einen guten Schuß trockenen Sherry hinzufügen. Den Bratensatz mit Sherry ablöschen und diesen so lange einkochen lassen, bis die Flüssigkeit fast ganz verdampft ist. Die Fleischbrühe und die Sahne angießen, das Basilikum einrühren und die Sauce etwa 3 Minuten köcheln lassen.

Penne mit Lammkoteletts

Zubereitungszeit
ca. 25 Min.
Zeit zum Marinieren
ca. 2 Std.

Zutaten für 4 Personen

4 Lammkoteletts (à ca. 50 g)
2 Knoblauchzehen
einige frische Pfefferminzblättchen
6 EL Olivenöl, 2 EL Butter, Salz
Pfeffer, 1 Schuß trockener Rotwein
125 g Crème fraîche
je 50 g grüne und schwarze Oliven
1 TL gehackte Pfefferminze
400 g Penne
Pfefferminzblätter zum Garnieren

So wird's gemacht

1. Lammkoteletts in eine flache Form legen. Knoblauch schälen und in Scheiben schneiden. Pfefferminzblätter waschen und trockentupfen. Knoblauchscheiben und Pfefferminzblätter auf den Koteletts verteilen. Olivenöl darüberträufeln. Die Form mit Klarsichtfolie abdecken und die Koteletts 2 Stunden marinieren. Herausnehmen, trockentupfen und in heißer Butter anbraten. Dann auf jeder Seite 2 Minuten weiterbraten, salzen, pfeffern und warm stellen.
2. Den Bratensatz mit Rotwein loskochen, Crème fraîche einrühren. Oliven entkernen, in Scheiben schneiden und mit der Pfefferminze dazugeben. Die Sauce mit Salz und Pfeffer abschmecken.
3. Penne in Salzwasser bißfest garen und abgießen. Auf vorgewärmten Tellern verteilen, auf jede Portion ein Lammkotelett geben und mit Sauce übergießen. Das Ganze mit Pfefferminzblättern garnieren.

Ravioli mit Fleischsauce

Zubereitungszeit

ca. 1 Std.

Zutaten für 4 Personen

1/2 Zwiebel
1/2 Knoblauchzehe
2 Nelken
6 EL Olivenöl
250 g gemischtes Hackfleisch
1/8 Liter Rotwein
400 g geschälte Tomaten
(aus der Dose)
Salz
500 g Ravioli
5 EL frisch geriebener Parmesan
schwarzer Pfeffer aus der Mühle

So wird's gemacht

1. Die Zwiebel und den Knoblauch schälen. Den Knoblauch fein hacken, die Zwiebel mit den Nelken spicken.
2. Das Olivenöl in einer Pfanne erhitzen, Zwiebel und Knoblauch darin glasig dünsten. Das Hackfleisch dazugeben, mit dem Wein ablöschen und so lange kochen lassen, bis er verdunstet ist.
3. Die Tomaten mit einem Passiergerät pürieren, zum Fleisch geben, salzen und das Ganze etwa 1 Stunde köcheln lassen. Ab und zu umrühren und eventuell etwas Wasser dazugeben.
4. In der Zwischenzeit die Ravioli in reichlich kochendem Salzwasser bißfest garen, auf einem Sieb abtropfen lassen und in eine vorgewärmte Schüssel geben. Die Hackfleischsauce dazugeben, alles gut vermischen und vor dem Servieren mit Parmesan und frischem Pfeffer bestreuen.

Tip

Wenn Kinder mitessen, können Sie den Rotwein weglassen und die Sauce stattdessen mit einem Schuß Balsamico-Essig und einer Prise Zucker aromatisieren.

Penne mit Fleischsauce

Zubereitungszeit
ca. 1 Std.

Zutaten für 4 Personen

1 Zwiebel, 1 Karotte
1 Stange Staudensellerie
1/2 Bund Petersilie
50 g roher Schinken
2 EL Olivenöl
3 EL Butter
200 g Rinderhackfleisch
1 Lorbeerblatt
400 g geschälte Tomaten
(aus der Dose)
Salz
schwarzer Pfeffer aus der Mühle
500 g Penne oder Rigatoni

So wird's gemacht

1. Die Zwiebel und die Karotte schälen und fein hacken. Den Staudensellerie putzen, waschen und fein hacken. Die Petersilie waschen und ebenfalls fein hacken. Einige Zweige zum Garnieren beiseite legen. Den Schinken würfeln.
2. Das Öl und 1 Eßlöffel Butter in einer Pfanne erhitzen und das Gemüse zusammen mit der Hälfte der Petersilie darin anschwitzen. Dann das Hackfleisch, den Schinken sowie das Lorbeerblatt hinzufügen und 10 Minuten anbraten.
3. Die Tomaten durch ein Sieb in die Pfanne passieren. Die Sauce gut umrühren, salzen und zugedeckt etwa 50 Minuten köcheln lassen, dabei öfters umrühren. Anschließend restliche Butter und Petersilie dazugeben und mit Pfeffer abschmecken.
4. In der Zwischenzeit die Nudeln in reichlich kochendem Salzwasser bißfest garen, auf einem Sieb abtropfen lassen und in eine vorgewärmte Schüssel geben. Die Hackfleischsauce darüber verteilen. Alles mit Petersilie garnieren.

Tip

Geben Sie je 1 Teelöffel frisch gehackten Majoran und Thymian in die Fleischsauce, dann bekommt sie ein richtiges Sommeraroma.

Maultaschen mit Speck und Zwiebeln

Zubereitungszeit
ca. 1 Std.

Zutaten für 4 Personen

Weißer Nudelteig
(Rezept siehe Seite 12)
100 g Blattspinat, 5 kleine Zwiebeln
1 Knoblauchzehe
200 g gemischtes Hackfleisch
1 Ei, Salz, Pfeffer aus der Mühle
1 Prise geriebene Muskatnuß
100 g Butter
100 g Dörrfleisch in Streifen

So wird's gemacht

1. Weißen Nudelteig nach Rezeptanweisung von Seite 12 zubereiten. Den Spinat verlesen, waschen, kleinhacken und in Salzwasser blanchieren. Die Zwiebeln schälen, 3 davon in Streifen schneiden, die restlichen würfeln. Alle Zutaten (außer Zwiebelstreifen, Butter und Dörrfleisch) mischen.
2. Den Nudelteig vierteln und zu Rechtecken ausrollen. Die Hackfleischmasse in einen Spritzbeutel füllen und auf jedes Rechteck zwei „Würste" geben. Den überstehenden Teig mit Wasser bepinseln und einrollen. Kleine Teigtaschen abdrücken, mit einem Messer durchschneiden und die Ränder gut andrücken. Die Maultaschen in reichlich kochendem Salzwasser etwa 20 Minuten garen.
3. Das Dörrfleisch zusammen mit der Butter in einem Topf erhitzen. Die Zwiebelstreifen dazugeben, pfeffern und alles kurz dünsten. Die Maultaschen aus dem Salzwasser nehmen, abtropfen lassen und zusammen mit der Dörrfleisch-Zwiebel-Mischung servieren.

(auf dem Foto: oben)

Ravioli mit Kalbsleber

Zubereitungszeit
ca. 1 Std.

Zutaten für 4 Personen
Weißer Nudelteig
(Rezept siehe Seite 12)
400 g Kalbsleber, 1 Schalotte
etwas Thymian, 2 EL Butter, Salz,
Pfeffer, etwas geriebene Muskatnuß
1 Eigelb, Weißweinsauce
(Rezept siehe Seite 25)
100 g blanchierter Spinat
4 EL Sahne

So wird's gemacht

1. Weißen Nudelteig nach Rezeptanweisung von Seite 12 zubereiten. 100 g Kalbsleber fein würfeln, Schalotte schälen und fein schneiden. Leberwürfel, Schalotte und Thymian in Butter anschwitzen, mit Salz, Pfeffer und Muskat würzen, das Eigelb einrühren und abkühlen lassen. Den Teig halbieren und ausrollen. In Abständen von etwa 5 cm je einen Klecks der Masse daraufgeben, die Ränder mit Wasser befeuchten und mit der zweiten Teigplatte abdecken. Die Ränder andrücken, Rauten ausschneiden und diese in reichlich kochendem Salzwasser etwa 10 Minuten garen.
2. Weißweinsauce nach Rezeptanweisung von Seite 25 zubereiten. Den Spinat fein schneiden und in wenig Butter andünsten. Die Sahne angießen, Spinat pfeffern und salzen und zusammen mit der Weißweinsauce erhitzen.
3. Restliche Kalbsleber in Butter anbräunen, pfeffern und salzen. Ravioli abtropfen lassen, in Butter schwenken und anrichten.

(auf dem Foto: unten)

Pasta „Italia"

Zubereitungszeit

ca. 25 Min.

Zutaten für 4 Personen

300 g TK-Brokkoli
1 Zwiebel
2 EL Butter
3/4 Liter Fleischbrühe
(z.B. aus 1 Würfel
„Maggi Klare Fleischsuppe")
250 g grüne Bandnudeln
250 g gekochtes Kasseler
150 g Gorgonzola
schwarzer Pfeffer aus der Mühle

So wird's gemacht

1. Brokkoli antauen lassen und in Stücke schneiden. Die Zwiebel schälen und in kleine Würfel schneiden. Die Butter in einem Topf erhitzen und die Zwiebel darin glasig dünsten.
2. Die Brühe angießen, die Nudeln und den Brokkoli hinzufügen und das Ganze zum Kochen bringen. Offen 10 bis 15 Minuten kochen lassen. Dann das Kasseler würfeln und unterheben.
3. Den Gorgonzola mit einer Gabel in Stücke teilen und die Stücke zur Brokkoli-Fleisch-Mischung geben. Den Topf verschließen und alles bei geringer Hitze etwa 5 Minuten ziehen lassen, bis der Käse vollständig geschmolzen ist. Zum Schluß das Gericht mit Pfeffer bestreuen und sofort servieren.

Variationen

Sie können das Kasseler auch durch die gleiche Menge gekochtes, kleingeschnittenes Rindfleisch ersetzen. Noch würziger schmeckt das Gericht, wenn Sie 300 g Rindfleisch (Suppen- oder Kochfleisch) zusammen mit 1 Bund Suppengrün und einigen Markknochen in Salzwasser gar kochen und die Brühe sowie das Fleisch für das Gericht verwenden. Schöpfen Sie aber dann das Fett von der Brühe ab und entfernen Sie alle Fetteile vom Fleisch, bevor Sie es zu den Nudeln geben. Sehr gut schmeckt das Gericht auch, wenn Sie die Brokkoli-Fleisch-Nudel-Mischung nach der Garzeit auf einem Sieb abtropfen lassen, 5 Eßlöffel Sahne in den Topf geben, die Mischung wieder hinzufügen und dann den Käse unterheben.

Nudelkissen auf Shiitakeragout

Zubereitungszeit
ca. 1 Std.
Zeit zum Einweichen
ca. 45 Min.

Zutaten für 6 Personen

Für die Nudelkissen:

200 g Nudelplatten (ca. 12 Stück)
200 g Entenfleisch aus der Brust
50 g Entenleber, 50 g Shiitake-Pilze
1 EL Butter, Salz, schwarzer Pfeffer
1 cl Cognac, 5 EL Sahne, 1 Ei
geriebene Muskatnuß, 1 Eiweiß

Für das Shiitakeragout:

300 g Shiitake-Pilze, 2 EL Erdnußöl
2 EL kalte Butter
1 TL feingehackte Schalotte
1 Knoblauchzehe, 100 g Sahne
1 TL gehackte Petersilie

Für die Entenleber:

120 g Entenleber, 1 EL Mehl
1 EL Butterschmalz
1 cl roter Portwein

So wird's gemacht

1. Nudelplatten etwa 45 Minuten in kaltem Wasser einweichen. Entenfleisch pürieren. Entenleber fein würfeln, Shiitake-Pilze putzen und beides in heißer Butter anbraten. Salzen, pfeffern, abkühlen lassen und mit Cognac aromatisieren. Entenfleischpüree mit Sahne und Ei vermischen, mit Salz, Pfeffer und Muskatnuß würzen und die Pilzmischung unterheben. Sechs Nudelplatten an den Rändern mit verquirltem Eiweiß bestreichen.
2. Jeweils ein Sechstel der Entenfarce in der Mitte der Nudelplatten verteilen. Die restlichen Nudelplatten darüberlegen und die Ränder fest andrücken. Die Nudelkissen 10 bis 15 Minuten in Salzwasser köcheln lassen, dann abtropfen lassen.
3. Pilze putzen. Öl erhitzen, die Hälfte der Butter dazugeben und die Pilze darin kurz schwenken. Schalotte hinzufügen, Knoblauch schälen und in die Pfanne durchpressen. Sobald die Pilze Flüssigkeit abgeben, sie herausnehmen. Fond mit Sahne ablöschen und etwas einkochen lassen. Restliche Butter unterrühren, Pilze wieder dazugeben und mit Petersilie bestreuen.
4. Die Entenleber enthäuten, in etwa 1 cm große Würfel schneiden und mit Mehl bestäuben. Leberwürfel in heißem Butterschmalz anbraten. Portwein hinzufügen, Leber salzen und pfeffern. Die Nudelkissen auf dem Shiitakeragout anrichten und mit der Entenleber umlegen.

Nudel-salate

Keine Party und kein kaltes Büffet ohne Nudelsalat! Dabei gibt es neben der bei uns nur allzu häufig servierten „herkömmlichen Version“, dem Nudelsalat mit Fleischwurst, Gurken und Mayonnaise, auch wesentlich interessantere und auch „schlankere“ Varianten. In Italien löst man dieses Problem, indem ursprünglich warme Nudelgerichte einfach kalt serviert werden. Für Nudelsalate eignen sich Spaghetti, Spiral- und Hörnchenudeln am besten, da diese Nudelsorten die würzigen Saucen hervorragend aufnehmen.

Spaghettisalat mit Parmaschinken

Zubereitungszeit
ca. 30 Min.

Zutaten für 4 Personen
- *300 g extra lange Spaghetti*
- *Olivenöl*
- *1 kleine Karotte*
- *1/2 kleiner Kohlrabi*
- *125 g Parmaschinken*
- *1 Schalotte*
- *Salz*
- *schwarzer Pfeffer aus der Mühle*
- *Weißweinessig*
- *3 EL gehackter Estragon*
- *Estragonblätter zum Garnieren*

So wird's gemacht

1. Die Spaghetti in Salzwasser bißfest garen, abgießen und mit wenig Öl vermischen. Die Karotte und den Kohlrabi schälen und in feine Streifen schneiden. In Salzwasser blanchieren, abschrecken und abtropfen lassen.
2. Den Parmaschinken in dünne Scheiben schneiden, drei Viertel davon in Streifen schneiden und in eine Schüssel geben.
3. Die Schalotte schälen, längs halbieren, in Streifen und dann in Würfel schneiden. Alle Zutaten bis auf den restlichen Parmaschinken und den Estragon in die Schüssel geben und gut mischen.
4. Die Spaghetti hinzufügen, alles mit Salz, Pfeffer und Essig abschmecken und auf Tellern verteilen. Den restlichen Parmaschinken anlegen, den Estragon darüberstreuen und jeden Teller mit Estragonblättern garnieren.

(Foto: Titelbild)

Nudel-Gurken-Salat mit Poulardenbrust

Zubereitungszeit
ca. 30 Min.

Zutaten für 4 Personen
- *250 g Bandnudeln, etwas Öl*
- *1 kleine Salatgurke*
- *1 Bund Dill, 3 Tomaten*
- *300 g Poulardenbrustfleisch*
- *Traubenkernöl*
- *Weißwein- oder Himbeeressig*
- *Salz, Pfeffer aus der Mühle*

So wird's gemacht

1. Die Bandnudeln in Salzwasser bißfest garen, abtropfen lassen, in eine Schüssel füllen und darin mit etwas Öl vermengen. Die Gurke waschen, ein Drittel davon in dünne Scheiben schneiden, den Rest vierteln, entkernen und ebenfalls in dünne Scheiben schneiden.
2. Den Dill waschen, trockenschleudern und fein hacken. Einige schöne Zweige für die Dekoration beiseite legen. Die Tomaten überkreuz einritzen, mit heißem Wasser überbrühen, vom Stielansatz befreien, enthäuten, entkernen und das Fruchtfleisch würfeln.
3. Die Poulardenbrust häuten und in mundgerechte Stücke schneiden. Die Gurkenscheiben auf Tellern verteilen. Die Nudeln mit übrigen Gurkenscheiben, Dill, Tomatenwürfeln, etwas Öl, Essig, Salz und Pfeffer locker vermischen und die Mischung jeweils auf den Gurkenscheiben anrichten.
4. Die Poulardenstücke in etwas Öl knusprig braun braten. Das Fleisch aus der Pfanne nehmen, salzen, pfeffern und auf dem angerichteten Salat verteilen. Jeden Teller mit einigen Dillspitzen garnieren.

(auf dem Foto: oben)

Spaghettisalat mit Parmesan

Zubereitungszeit
ca. 35 Min.

Zutaten für 4 Personen
- *200 g Spaghetti*
- *etwas Öl*
- *75 g Pistazien*
- *100 g Kirschtomaten*
- *1 kleiner Friseésalat*
- *150 g Parmesan*
- *Estragonessig*
- *Nuß- oder Olivenöl*
- *Salz*
- *schwarzer Pfeffer aus der Mühle*

So wird's gemacht

1. Die Spaghetti in reichlich kochendem Salzwasser bißfest garen, auf einem Sieb abtropfen lassen, in eine Schüssel füllen und darin mit etwas Öl vermengen. Die Pistazien schälen und grob zerkleinern. Die Kirschtomaten waschen und in Viertel schneiden.
2. Den Friseésalat waschen, verlesen und abtropfen lassen. Den Parmesan entrinden, in dünne Scheiben schneiden oder hobeln.
3. Aus Estragonessig, Nuß-oder Olivenöl, Salz und Pfeffer ein Dressing zubereiten. Die Pistazien, die Kirschtomaten und das Dressing zu den Nudeln geben und alles gut vermischen. Eventuell nachwürzen.
4. Den Friseésalat dekorativ auf Tellern anrichten, den Spaghettisalat daraufgeben und auf jede Portion Parmesan geben.

(auf dem Foto: unten)

Pikanter Nudelsalat „Caprese"

Zubereitungszeit
ca. 20 Min.

Zutaten für 4 Personen

500 g Spiralnudeln
(z.B. Eliche von Buitoni)
2 EL Olivenöl
750 g Eiertomaten
250 g Mozzarella
100 g schwarze Oliven
1 Bund Basilikum
1 Knoblauchzehe
Salz
schwarzer Pfeffer aus der Mühle
1 EL Balsamico-Essig
Olivenöl für die Marinade

So wird's gemacht

1. Die Nudeln in reichlich kochendem Salzwasser bißfest garen, auf einem Sieb abtropfen lassen und zum Abkühlen mit kaltem Wasser abschrecken. Dann zusammen mit dem Öl in eine große Schüssel geben.
2. Die Tomaten waschen, die Stielansätze herausschneiden und das Fruchtfleisch würfeln. Den Mozzarella abtropfen lassen und in kleine Würfel schneiden. Die Oliven entkernen, große Oliven eventuell halbieren. Das Basilikum waschen, trockenschleudern, die Blätter von den Stielen zupfen und grob hacken. Kleine Blättchen ganz lassen.
3. Die Knoblauchzehe schälen und eine Salatschüssel damit ausreiben. Alle Zutaten in die Schüssel geben und gründlich darin vermischen.
4. Den Nudelsalat mit Salz und Pfeffer würzen, den Essig unterrühren und nach Geschmack Olivenöl daruntermischen.

Tip

Balsamico-Essig (Aceto Balsamico) erhalten Sie in gut sortierten Supermärkten und in italienischen Feinkostläden. Er ist der feinste vom feinen Essig und wird ausschließlich aus den italienischen Trebbiano-Trauben gewonnen. Er reift viele Jahre in Eichenfässern, ist von tiefbrauner Farbe und dickflüssiger Konsistenz. Balsamico-Essig hat einen unverwechselbaren süßsäuerlichen Geschmack und paßt hervorragend zu fast allen Tomatengerichten und grünen Salaten.

Dreifarbiger Penne-Gemüse-Salat

Zubereitungszeit
ca. 30 Min.

Zutaten für 4 bis 6 Personen
500 g dreifarbige Penne
(z.B. von Buitoni)
500 g Karotten, 500 g Zucchini
4 EL Olivenöl, 2 Knoblauchzehen
1 Bund Basilikum, 50 g Pinienkerne
8 EL frisch geriebener Parmesan
Salz, Pfeffer aus der Mühle

So wird's gemacht

1. Die Nudeln in reichlich kochendem Salzwasser bißfest garen, auf einem Sieb abtropfen lassen und zum Abkühlen mit kaltem Wasser abschrecken. Während die Nudeln kochen, die Karotten schälen, in feine Scheiben schneiden oder hobeln und 4 bis 5 Minuten in Salzwasser garen.
2. Die Zucchini waschen, putzen, ebenfalls in feine Scheiben schneiden oder hobeln und in 2 Eßlöffeln Olivenöl in einer Pfanne anbraten. Die Karotten abgießen, zu den Zucchini geben und das Gemüse etwa 10 Minuten dünsten. Anschließend die Knoblauchzehen schälen, durch eine Presse zum Gemüse drücken und das Ganze abkühlen lassen.
3. Das Basilikum waschen, trockenschleudern, die Blätter von den Stielen zupfen und grob hacken. Kleine Blättchen ganz lassen. Das Gemüse und die Nudeln in eine große Schüssel geben und darin mit den Pinienkernen, dem Basilikum und dem Parmesan vermischen. Den Salat mit Salz und Pfeffer abschmecken und zum Schluß das restliche Olivenöl untermengen.

Nudel-Zucchini-Salat

Zubereitungszeit
ca. 35 Min.

Zutaten für 4 Personen

250 g schmale Bandnudeln
250 g Zucchini
2 vollreife Fleischtomaten
1 mittelgroße Zwiebel
1 Bund Basilikum
4 EL Rotweinessig
1/2 TL Salz
schwarzer Pfeffer aus der Mühle
6 EL Olivenöl

So wird's gemacht

1. Die Nudeln in reichlich kochendem Salzwasser bißfest garen, auf einem Sieb abtropfen lassen und zum Abkühlen mit kaltem Wasser abschrecken. Während die Nudeln kochen, die Zucchini waschen, putzen und auf einer Gemüsereibe grob raspeln.
2. Die Fleischtomaten überkreuz einritzen, mit kochend heißem Wasser überbrühen, von Stielansätzen befreien, enthäuten, entkernen und das Fruchtfleisch in feine Streifen schneiden. Zwiebel schälen und sehr fein hacken. Basilikum waschen, trockenschleudern, die Blätter von den Stielen zupfen und in feine Streifen schneiden. Kleine Blättchen beseite legen.
3. Den Rotweinessig mit dem Salz verrühren, bis es sich ganz aufgelöst hat. Den Pfeffer hinzufügen und dann das Olivenöl in einem dünnen Strahl langsam dazufließen lassen. Dabei ständig mit einem Schneebesen schlagen, bis das Dressing cremig geworden ist.
4. Die Nudeln und das Gemüse in eine große Schüssel füllen. Die Sauce darübergießen und alles gut durchmischen. Vor dem Servieren mit den beiseitegelegten Basilikumblättchen dekorieren.

Variationen

Anstelle der Bandnudeln können Sie auch jede andere Nudelsorte gut verwenden. Wenn Sie keine reifen Fleischtomaten bekommen können, nehmen Sie ersatzweise Eiertomaten oder kleine Tomaten von den Kanarischen Inseln, die ein kräftiges Aroma haben. Nicht ganz reife Fleischtomaten schmecken oft wässrig.

Glasnudel-Hackfleisch-Salat

Zubereitungszeit
ca. 40 Min.

Zutaten für 6 Personen

200 g Glasnudeln
2 rote Paprikaschoten
3 EL Öl
400 g gemischtes Hackfleisch
Salz
schwarzer Pfeffer aus der Mühle
Saft von 4 Zitronen
6 EL Sojasauce

So wird's gemacht

1. Die Glasnudeln in einen Topf mit kochendem Salzwasser geben. Vom Herd nehmen und die Glasnudeln 30 Minuten ziehen lassen.
2. Die Paprikaschoten waschen, die Stielansätze herausschneiden, die Kerne entfernen und das Fruchtfleisch in dünne Streifen schneiden. Das Öl in einer Pfanne erhitzen und das Hackfleisch darin anbraten, bis es braun und krümelig ist. Kräftig salzen und pfeffern.
3. Die Glasnudeln abgießen und gut abtropfen lassen. In Stücke schneiden und zusammen mit den Paprikastreifen und dem Hackfleisch in eine Schüssel geben.
4. Den Zitronensaft zusammen mit der Sojasauce, etwas Salz und Pfeffer gut verrühren. Die Sauce über den Salat gießen und alles gut vermischen.

Tip

Glasnudeln erhalten Sie in Asienläden oder in gut sortierten Supermärkten. Die durchsichtigen Nudeln werden aus Mungobohnen hergestellt, sind völlig geschmacksneutral und nehmen leicht das Aroma anderer Zutaten und Gewürze an. Sie sind leicht bekömmlich und lassen sich beliebig mit Fleisch und/oder Gemüse kombinieren. Achten Sie bei der Zubereitung von Glasnudeln auf die Packungsanweisung, manche Sorten müssen vor der Weiterverwendung nur 2 bis 3 Minuten gekocht werden.

Nudelsalat mit Meeresfrüchten

Zubereitungszeit
ca. 45 Min.

Zutaten für 4 Personen

200 g dünne Bandnudeln
1 kleiner Radicchio
1 Schalotte
300 g Fischfilet (z.B. Goldbarsch, Kabeljau und Scholle)
200 g Muschelfleisch
4 kleine Scampischwänze
Salz
schwarzer Pfeffer aus der Mühle
Olivenöl
Weißweinessig oder Zitronensaft

So wird's gemacht

1. Die Bandnudeln in reichlich kochendem Salzwasser bißfest kochen, auf einem Sieb abtropfen lassen, kalt abschrecken und mit wenig Öl vermischen.
2. Den Radiccio verlesen, waschen und abtropfen lassen. Die Blätter in feine Streifen schneiden. Die Schalotte schälen und fein würfeln. Das Fischfilet kalt abspülen, trokkentupfen und in mundgerechte Stücke schneiden. Die Scampischwänze aus den Schalen lösen und den dunklen Darm mit einer Pinzette oder mit einem spitzen Messer entfernen.
3. Die Fischfiletstücke zusammen mit dem Muschel- und dem Scampifleisch in einen Topf geben. Etwas Wasser angießen, den Topf verschließen und alles erhitzen. Sobald das Wasser zu kochen beginnt, den Topf vom Herd nehmen, den Fisch sowie die Meeresfrüchte abkühlen lassen und mit einem Schaumlöffel herausnehmen.
4. Die Nudeln zusammen mit Radicchiostreifen, Schalottenstücken und Meeresfrüchten in einer Schüssel vermischen. Salz und Pfeffer mit Olivenöl, Weißweinessig oder Zitronensaft und etwas Fischfond verrühren. Die Sauce unter den Salat heben und eventuell nachwürzen. Den Nudelsalat auf Tellern verteilen und die Fischstücke jeweils darauf anrichten.

Tip

Bei diesem Rezept können Sie sich von der Vorgabe der Zutaten ruhig lösen, wenn Sie die angegebenen Fischsorten bei Ihrem Fischhändler nicht erhalten.

Spätzlesalat mit Schollenfilet

Zubereitungszeit
ca. 1 Std.

Zutaten für 4 Personen

200 g gelbe Spätzle
200 g Spinatspätzle
480 g Schollenfilet
Salz, Pfeffer aus der Mühle
1/2 Stange Lauch
50 g Sellerie, 1 kleine Karotte
1/2 Bund Basilikum
1 Knoblauchzehe
150 ml Traubenkernöl
100 ml Balsamico-Essig
Tomatenachtel zum Garnieren

So wird's gemacht

1. Spätzle in Salzwasser bißfest kochen, abtropfen lassen und kalt abschrecken. Schollenfilet kalt abspülen, trockentupfen und in schräge Streifen schneiden. Mit Salz und Pfeffer würzen und in Wasser gar dünsten. Den Sud aufbewahren.
2. Lauch waschen, putzen und würfeln. Sellerie und Karotte schälen und fein würfeln. Das Gemüse in kochendem Salzwasser 2 bis 3 Minuten blanchieren. In Eiswasser abschrecken.
3. Basilikum waschen, trockenschleudern, die Blätter von den Stielen zupfen und fein hacken. Kleine Blättchen ganz lassen und beiseite legen. Knoblauch schälen und fein hacken. Aus Traubenkernöl, Balsamico-Essig, Basilikum, Knoblauch, Salz, Pfeffer und etwas Fischsud ein Dressing zubereiten.
4. In einer Schüssel Spätzle und Fischfiletstreifen mischen. Das Dressing hinzufügen und alles locker mischen. Mit Basilikumblättchen und Tomatenachteln garnieren.

Spaghetti-Gemüse-Salat

Zubereitungszeit
ca. 45 Min.

Zutaten für 4 Personen

250 g Spaghetti
300 g Karotten
400 g Zucchini
200 g gekochter Schinken in dünnen Scheiben
1 Eigelb
weißer Pfeffer aus der Mühle
1 Msp. frisch geriebene Ingwerwurzel
1 TL abgeriebene Schale von 1 unbehandelten Zitrone
1 EL Zitronensaft
100 ml neutrales Pflanzenöl
150 g Vollmilchjoghurt

So wird's gemacht

1. Die Spaghetti zweimal durchbrechen und in reichlich kochendem Salzwasser bißfest garen. Die Nudeln abgießen, mit kaltem Wasser abschrecken, auf einem Sieb abtropfen lassen und dann in eine Schüssel geben.
2. Die Karotten schälen, die Zucchini waschen und putzen. Das Gemüse in dünne, lange Stifte schneiden. 2 Liter Salzwasser aufkochen lassen und die Karottenstifte darin etwa 3 Minuten blanchieren. Nach 2 1/2 Minuten Blanchierzeit die Zucchinistifte dazugeben und alles nochmals 1/2 Minute weitergaren. Das Gemüse auf einem Sieb gut abtropfen lassen und zu den Spaghetti geben.
3. Den Schinken in feine Streifen schneiden und zu den Spaghetti geben. Alles vorsichtig mischen. Das Eigelb mit etwas Salz, Pfeffer, Ingwer, Zitronenschale und Zitronensaft in einem hohen Gefäß verrühren. Das Öl zuerst tropfenweise, dann im dünnen Strahl mit einem Schneebesen darunterschlagen.
4. Zum Schluß den Joghurt unter die Sauce rühren und diese würzig abschmecken. Die Sauce zum Spaghettisalat geben und alles vorsichtig mischen.

Vollkorn-nudelsalat

Zubereitungszeit
ca. 25 Min.

Zutaten für 4 Personen

250 g Vollkornnudeln
120 g gekochter Schinken
150 g Karotten
150 g TK-Erbsen
150 g Vollmilchjoghurt
150 g saure Sahne
2 EL Öl
1 EL Essig oder Zitronensaft
2 EL gehackte Kräuter (z.B. Petersilie, Schnittlauch und Basilikum)

So wird's gemacht

1. Die Vollkornnudeln in reichlich kochendem Salzwasser in etwa 10 Minuten bißfest garen, mit kaltem Wasser abschrecken, auf einem Sieb abtropfen lassen und dann in eine Schüssel geben.
2. Den Schinken in Streifen schneiden. Die Karotten schälen, in feine Scheiben schneiden und zusammen mit den Erbsen in wenig Salzwasser 3 bis 5 Minuten dünsten. Das Gemüse zu den Nudeln geben und vorsichtig unterheben. Die Schinkenstreifen darüber verteilen.
3. Den Joghurt mit saurer Sahne, Öl und Essig oder Zitronensaft in einer Schüssel mit dem Schneebesen gut verschlagen. Salz, Pfeffer sowie Kräuter hinzufügen, die Sauce nochmals gut durchrühren und dann zum Nudelsalat geben.

Tip

Dieser Nudelsalat ist als leichte Abendmahlzeit hervorragend für Frühlingsdiäten geeeignet.

Variationen

Wenn Sie es einmal besonders eilig haben, können Sie die Karotten auch roh belassen (in dünne Scheiben schneiden) und anstelle der tiefgekühlten Erbsen abgetropfte Dosenware verwenden. Sehr fein schmeckt der Salat auch, wenn Sie das Fruchtfleisch einer reifen Avocado würfeln und hinzufügen. Der Salat ist dann allerdings erheblich kalorienreicher.

Nudelsalat mit Schinken und Käse

Zubereitungszeit
ca. 15 Min.

Zutaten für 4 Personen

200 g Roggennudeln
etwas Öl
125 g rohen Schinken
125 g Emmentaler
1 kleine Zwiebel
Salz
schwarzer Pfeffer aus der Mühle
Essig

So wird's gemacht

1. Die Roggennudeln in reichlich Salzwasser bißfest kochen, abgießen, abschrecken und mit etwas Öl vermischen.
2. Den Schinken und den Emmentaler in dünne Streifen schneiden und in eine Schüssel geben.
3. Die Zwiebel schälen, halbieren, zuerst in Streifen und dann in feine Würfel schneiden.
4. Alle Zutaten in eine Schüssel geben, nach Geschmack mit Salz und Pfeffer würzen, zuletzt nach Geschmack Essig und Öl darübergießen und unterheben.

(auf dem Foto: oben)

Bandnudelsalat mit Kräutersahne

Zubereitungszeit
ca. 20 Min.

Zutaten für 4 Personen

Für die Salatsauce:

1 Bund gemischte Kräuter der Saison
100 g Crème fraîche
5 EL Sahne
1 EL Öl
Zitronensaft
Salz
Pfeffer aus der Mühle

Für den Salat:

200 g dünne Bandnudeln
etwas Öl
1 kleinen Lollo Rosso
1 kleinen Eichblattsalat

So wird's gemacht

1. Die Kräuter abbrausen, mit Küchenpapier trockentupfen und fein schneiden. Für die Sauce zwei Drittel der Kräutermenge mit Crème fraîche, Sahne und etwas Öl vermischen. Nach Geschmack mit Zitronensaft, Salz und Pfeffer würzen.
2. Die Nudeln in Salzwasser bißfest kochen, abgießen, abschrecken und mit etwas Öl vermischen. Die restlichen Kräuter mit den Nudeln vermischen, mit Salz und Pfeffer abschmecken.
3. Lollo Rosso und Eichblattsalat putzen, waschen und trockenschleudern. Die Salatblätter in mundgerechte Stücke teilen. Die Nudeln auf Tellern verteilen, in die Mitte einige Salatblätter geben und die Sauce in den Blättern anrichten.

(auf dem Foto: unten)

Gnocchisalat

Zubereitungzeit
ca. 25 Min.

Zutaten für 4 Personen

350 g Schälchennudeln
(z.B. Gnocchi von Buitoni)
500 g dicke Bohnen (aus der Dose)
2 kleine Zwiebeln, 2 Eier
500 g vollreife Tomaten
1 Knoblauchzehe
1 EL gehackte Petersilie
Salz, Pfeffer aus der Mühle
Saft von 1 Zitrone
100 ml Olivenöl

So wird's gemacht

1. Die Nudeln in reichlich kochendem Salzwasser bißfest kochen, auf einem Sieb abtropfen lassen und kalt abschrecken. Die Bohnen abgießen und abtropfen lassen.
2. Die Zwiebeln schälen, in hauchdünne Scheiben schneiden und diese in kaltes Wasser legen. Die Eier hart kochen, kalt abschrecken, schälen und in Scheiben schneiden.
3. Die Tomaten waschen, die Stielansätze herausschneiden und das Fruchtfleisch vierteln. Die Knoblauchzehe schälen und ganz fein hacken. Die Zwiebelscheiben abtropfen lassen und zusammen mit Bohnen, Tomaten, Knoblauch und Petersilie in eine große Schüssel geben, alles gut vermischen, salzen und pfeffern.
4. Den Zitronensaft mit dem Olivenöl verrühren, beides zum Salat geben und damit vermengen. Die Nudeln unterheben, mit dem Salat mischen und das Ganze vor dem Servieren mit Eierscheiben belegen.

Variation

Bei Nudelsalaten können Sie frischen Knoblauch auch durch eingelegten ersetzen, um den Knoblauchgeschmack abzumildern. Eingelegten Knoblauch können Sie gebrauchsfertig im Glas kaufen oder selbst einlegen. Für ein Glas mit 1/2 Liter Inhalt schälen Sie 500 g Knoblauchzehen und füllen diese in ein Glas mit großer Öffnung. Verrühren Sie 1 Teelöffel Kräutersalz mit 2 Eßlöffeln „Kräuter der Provence" und 1/2 Liter Olivenöl und gießen das Würzöl über die Knoblauchzehen. 1 Zweig Basilikum und 1 Zweig Estragon hinzufügen, das Glas verschließen. An einem warmen Ort ca. 5 Tage ziehen lassen, ab und zu leicht durchschütteln. Eingelegter Knoblauch hält sich kühl aufbewahrt 3 bis 4 Monate.

Nudel-Geflügel-Salat mit Orangen-Ingwer-Dressing

Zubereitungszeit
ca. 30 Min.
Zeit zum Marinieren
ca. 12 Std.

Zutaten für 4 Personen
2 Hühnchenbrüste ohne Knochen
(à ca. 250 g), Saft von 1 Zitrone
1 Stück Zitronengras
1/2 TL Chilipulver

Für das Dressing:
2 EL feingehackte Ingwerwurzel
2 EL Rotweinessig, 1 EL Reisessig
1 EL flüssiger Honig, 1 EL Sojasauce
1 EL feingehacktes Koriandergrün
1/2 TL Chilipulver, 6 EL Erdnußöl

Außerdem:
250 g Hörnchennudeln, 1 Orange
1/2 rote Paprikaschote
1/2 Kopf Eisbergsalat
1 kleiner Radiccio
2 EL feingehacktes Koriandergrün
1 EL Erdnußöl

So wird's gemacht

1. Die Hühnchenbrüste halbieren, eventuell vorhandenes Fett wegschneiden, in eine flache Form legen, mit Zitronensaft beträufeln, Zitronengrassstückchen und Chilipulver gleichmäßig darüberstreuen. Die Form mit Klarsichtfolie bedecken und das Fleisch über Nacht im Kühlschrank marinieren.
2. Alle Zutaten für das Dressing bis auf das Öl im Mixer vermischen. Das Öl in einem dünnen Strahl langsam dazugießen, dabei weitermixen, bis das Dressing eine cremige Konsistenz hat. Salzwasser zum Kochen bringen und die Nudeln darin bißfest garen. Die Orange schälen und filetieren.
3. Die Paprikaschote waschen, von Stielansatz und Kernen befreien und in ganz feine Streifen schneiden. Eisbergsalat und Radicchio putzen, waschen und in mundgerechte Stücke zupfen. Die Nudeln abgießen und mit der Hälfte vom Dressing vermischen.
4. Das Erdnußöl in einer Pfanne erhitzen und die Hühnerbrüstchen pro Seite in 3 bis 4 Minuten goldbraun braten, danach in etwa 1/2 cm dicke Streifen schneiden. Die Nudeln auf den Salaten anrichten. Hühnchenbrust- und Paprikastreifen sowie Koriander darauf verteilen. Den Salat mit dem restlichen Dressing beträufeln und servieren.

Nudelsalat mit Thunfisch

Zubereitungszeit
ca. 15 Min.

Zutaten für 4 Personen

250 g gekochte grüne Bandnudeln
1 Dose Thunfisch (ca. 185 g)
1 Bund gehackte Petersilie
2 Stengel Bleichsellerie mit Grün
1 Fenchelknolle mit Grün
1 geraspelte Karotte
2 Tomaten
2 EL Kapern
Kräuterdressing (Fertigprodukt)

So wird's gemacht:

1. Die Bandnudeln mit dem abgetropften, zerpflückten Thunfischfleisch mischen. Dazu die Petersilie, die in Scheiben geschnittene Bleichsellerie, die gehackten Sellerieblätter, die feingewürfelte Fenchelknolle mit dem feingeschnittenen Grün, die Karotte, die abgezogenen und feingewürfelten Tomaten und die Kapern geben.
2. Die Salatzutaten mit Kräuterdressing mischen.

(auf dem Foto: oben)

Nudelsalat mit Muscheln

Zubereitungszeit
ca. 40 Min.

Zutaten für 4 Personen

Für das Dressing:
2 hartgekochte Eigelb
1 rohes Eigelb
3 EL Kräuteressig
3 EL Olivenöl
125 g Sahne
2 Knoblauchzehen
Salz
schwarzer Pfeffer aus der Mühle

Für den Salat:
250 g Nudeln
1 kg Venusmuscheln mit Schale
1 kg Miesmuscheln
1 Bund Suppengrün
2 Zwiebeln
1 Bund Petersilie
1/2 Liter trockener Weißwein
250 g TK-Tintenfische
2 große Salbeiblätter
1 Stengel Rosmarin
1/4 TL Thymianblättchen
1/4 Liter Tomatensaft
100 g Garnelen
1/2 Bund Basilikum
1 EL kleine Kapern

So wird's gemacht

1. Für die Sauce die hartgekochten Eigelbe durch ein Sieb streichen, das rohe Eigelb damit vermischen, Essig, Öl und Sahne hinzufügen und cremig verrühren. Die geschälten, durch die Presse gedrückten Knoblauchzehen dazugeben und nach Geschmack mit Salz und Pfeffer würzen.
2. Die Nudeln in sprudelndem Salzwasser bißfest garen und abtropfen lassen. Die Venus- und die Miesmuscheln unter fließendem Wasser abbürsten. Muscheln, die schon geöffnet sind, wegwerfen.
3. Das Suppengrün waschen, putzen und grob hacken. Die Zwiebeln schälen, achteln. Petersilie abspülen. Alles mit dem Wein in einem großen Topf zum Kochen bringen. Die Muscheln hinzufügen, im geschlossenen Topf 10 Minuten kochen, dann abgießen. Geschlossene Muscheln nun ebenfalls entfernen. Aus den übrigen das Muschelfleisch herauslösen.
4. Die aufgetauten Tintenfische abspülen und in mundgerechte Stücke schneiden. Salbei, Rosmarin und frischen Thymian abspülen. Zusammen mit den Tintenfischen in den Tomatensaft geben und diesen aufkochen. Die Tintenfische zugedeckt 15 Minuten schmoren lassen. Dann den Saft abgießen. Die Garnelen kurz kalt abspülen und gut abtropfen lassen.
5. Alle Salatzutaten mit der Sauce vermischen. Das Basilikum abspülen, trockentupfen und die Blättchen von den Stielen zupfen. Den Salat damit und mit den Kapern bestreuen.

(auf dem Foto: unten links)

Nudelsalat mit Mais

Zubereitungszeit
ca. 20 Min.

Zutaten für 4 Personen

250 g kurz gekochte Nudeln
200 g süße Maiskörner (Dose)
200 g Frühstücksspeck
1 Bund Radieschen
1/2 Salatgurke
4 hartgekochte Eier
French Dressing (Fertigprodukt)

So wird's gemacht:

1. Die gekochten Nudeln mit den Maiskörnern (vorher abtropfen lassen), dem fein geschnittenen Frühstücksspeck, den in Scheiben geschnittenen Radieschen, der gewürfelten Salatgurke und den gehackten Eiern mischen.
2. Den Salat mit French Dressing anrichten.

(auf dem Foto: unten rechts)

Nudelsalat mit Putenfleisch

Zubereitungszeit
ca. 40 Min.

Zutaten für 4 Personen

250 g kurze Nudeln
(z.B. „Schleifchennudeln“
von 3 GLOCKEN)
1/2 TL Salz
3–4 EL Öl
300 g Erbsen (TK-Produkt)
300 g Putenbrust
weißer Pfeffer, Salz
250 g Tomaten
2 EL leichte Salatmayonnaise
150 g Vollmilchjoghurt
4 EL Sahne
3 EL Tomatenketchup
2 EL Sherry Cream oder Portwein
weißer Pfeffer aus der Mühle
Salz
1 Prise Zucker

So wird's gemacht

1. Die Nudeln in reichlich Salzwasser mit 1 Eßlöffel Öl nach Packungsanweisung bißfest garen. In einem anderen Topf die Erbsen nach Packungsanweisung garen.
2. Das Putenfleisch in feine Streifen schneiden. Das restliche Öl in einer beschichteten Pfanne erhitzen und das Fleisch darin rundherum gut anbraten, mit Pfeffer und Salz würzen.
3. Die Erbsen abgießen, abschrecken und abkühlen lassen. Die Tomaten mit kochendem Wasser überbrühen (evtl. mit dem Erbsensud), häuten, dann halbieren, Stielansätze und Kerne entfernen und das Fruchtfleisch in Streifen schneiden.
4. Die Nudeln abgießen, abschrecken und gut abtropfen lassen. Nudeln, Erbsen, Fleisch- und Tomatenstreifen in einer Schüssel locker vermengen.
5. Für die Sauce die Mayonnaise mit Joghurt, Sahne, Ketchup, Sherry oder Portwein verrühren und mit Pfeffer, Salz und Zucker abschmecken. Die Sauce unter den Salat heben und das Ganze 10 Minuten durchziehen lassen.

Bunter Nudelsalat

Zubereitungszeit
ca. 25 Min.

Zutaten für 4 Personen

250 g bunte Nudeln
(z.B. „Paradiesnudeln"
von 3 GLOCKEN)
1 TL Salz, 1 EL Öl
300 g zarter Lauch
1 rote Paprikaschote
300 g italienische Mortadella
in Scheiben, 1 EL süßer Senf
weißer Pfeffer aus der Mühle
Salz, 1 Prise Zucker
1 Spritzer Flüssigwürze
1/2 TL getrocknetes Basilikum
3–4 EL Weißweinessig
3–4 EL Sonnenblumenöl

So wird's gemacht

1. Die Nudeln in reichlich Salzwasser mit Öl nach Packungsanweisung bißfest garen, dann auf ein Sieb schütten, abschrecken und gut abtropfen lassen.
2. Den Lauch putzen, gründlich waschen und in schmale Scheiben schneiden. Wasser in einem Topf zum Kochen bringen, den Lauch darin 3 Minuten blanchieren, abgießen, abschrecken und erkalten lassen.
3. Die Paprikaschote waschen, vierteln, die Kerne und Innenwände entfernen und das Fruchtfleisch in feine Streifen schneiden. Die Mortadella in Rauten schneiden und in eine Schüssel geben. Die Paprikastreifen, die Nudeln und den Lauch dazugeben, alles gut vermischen.
4. Den Senf zusammen mit Pfeffer, Salz und den übrigen Zutaten verrühren und unter den Salat mischen. Den Salat 10 Minuten durchziehen lassen, eventuell nochmals nachwürzen, dann servieren.

Tip

Dazu paßt ein herzhaftes, mit Butter bestrichenes Bauernbrot.

Variation

Statt der italienischen Mortadella können Sie auch in Scheiben geschnittenen Leber- oder Fleischkäse verwenden.

Asiatische Nudel-gerichte

In Asien, dem Ursprungsland der Nudelküche, sind Teigwaren neben Reis das Hauptnahrungsmittel. Man unterscheidet folgende Sorten: Glasnudeln, Eiernudeln, Reismehlnudeln und Weizenmehlnudeln.

Teigtaschen sind insbesondere in der chinesischen Provinz Kanton eine Spezialität. Sie werden aus Weizen- oder Reismehl hergestellt, mit Fleisch, Krabbenschwänzen oder feinen Gemüsen gefüllt und entweder über Wasserdampf gegart, fritiert, gebraten oder in Brühe gekocht.

GRUNDREZEPT

Asiatischer Nudelteig

Zubereitungszeit
ca. 20 Min.
Zeit zum Ruhen
ca. 1 Std.

Zutaten für 4 Personen

300 g Weizenmehl
1 Prise Salz, 150 ml Wasser

So wird's gemacht

1. Mehl in eine Schüssel sieben. Mit Salz und Wasser zu einem Teig verarbeiten. Diesen im Kühlschrank 1 Stunde ruhen lassen.
2. Den Teig nochmals durchkneten und zu einer 4 cm dicken Wurst rollen.
3. Mit einem Messer etwa 8 bis 12 Gramm schwere Stücke abschneiden. Jedes dieser Stücke zu runden, etwa 6 Zentimeter großen Teigplatten ausrollen. Nach Geschmack füllen und garen.

Tip

Gefüllte Teigtaschen werden entweder in Brühe gegart oder gebraten. Dazu eine große, flache Pfanne erhitzen und 2 Eßlöffel Öl hineingeben. Die Teigtaschen so in die Pfanne legen, daß die zugedrückten Stellen nach oben zeigen. 120 Milliliter Wasser dazugeben, die Pfanne abdecken und die Teigtaschen 3 Minuten bei großer Hitze und 4 Minuten bei kleiner Hitze kochen lassen. 4 Eßlöffel Wasser mit 1 Teelöffel Mehl verrühren, in die Pfanne geben und alles 3 Minuten weiterkochen lassen. Dann die Teigtaschen umdrehen und kurz auf der anderen Seite kochen.

Teigtaschen mit Krabbenfüllung

Zubereitungszeit
ca. 1 Std.

Zutaten für 4 Personen

Für den Nudelteig:

300 g Weizenmehl
1 Prise Salz
1 frisches Ei
150 ml Wasser
1 EL Sesamöl

Für die Füllung:

1 kg rohe Hummerkrabben
250 g Chinakohl
4 EL Erdnußöl
2 EL Austernsauce (Fertigprodukt)
2 cl trockener Sherry
1 TL Salz, 1/2 TL Glutamat
1 TL Speisestärke
75 ml Hühnerbrühe

So wird's gemacht

1. Das Weizenmehl in eine Schüssel sieben. Das Mehl leicht salzen und mit dem Ei, dem Wasser und dem Öl zu einem geschmeidigen Teig verarbeiten.
2. Auf einer bemehlten Arbeitsfläche die Teigmenge dünn ausrollen und in Rechtecke schneiden.
3. Die Hummerkrabben waschen, das Fleisch herauslösen und säubern. Das Krabbenfleisch fein hacken. Den Chinakohl putzen, waschen und klein schneiden.
4. Das Erdnußöl in einem Topf erhitzen und das Krabbenfleisch darin scharf anbraten.
5. Die Austernsauce und den Sherry dazugeben. Mit Salz und Glutamat abschmecken.
6. Die Speisestärke mit der Hühnerbrühe glattrühren und das Krabbenfleisch damit binden.
7. Den Chinakohl hinzugeben und umrühren. Alles vom Feuer nehmen und erkalten lassen.
8. Die Masse auf die Teigrechtecke verteilen. Die Rechtecke so zusammenrollen, daß ein 1 cm breiter Rand übrig bleibt. Die Enden der Rolle jeweils übereinanderziehen und festdrücken.
9. Die Teigtaschen über Dampf oder in einer Brühe 25 bis 30 Minuten garen.

(auf dem Foto)

Variation

Sehr fein schmecken Teigtaschen auch mit einer Hackfleischfüllung. Hierfür 3 eingeweichte Tongupilze zusammen mit 250 g Schweinehackfleisch kurz anbraten. 100 g Garnelenfleisch (aus der Dose), 50 g abgebrauste Bambussprossen, je 1 Teelöffel feingehackten Ingwer und feingehackte Frühlingszwiebeln hinzugeben. Alles unter Rühren etwa 1 Minute braten. 1 Eßlöffel Öl mit 1 Teelöffel Salz, 1/2 Teelöffel Sesamöl, 1 Teelöffel Speisestärke und 1 Eßlöffel Wasser verrühren und die Sauce zum Hackfleisch geben. Das Ganze noch 1 Minute braten, dann vom Feuer nehmen und erkalten lassen. Die Teigtaschen mit der Masse füllen. Über Dampf oder in einer Brühe etwa 10 Minuten garen und sofort servieren.

Glasnudeln mit Lachsstreifen

Zubereitungszeit
ca. 25 Min.

Zutaten für 4 Personen

300 g Glasnudeln, 200 g Lachsfilet
Salz, weißer Pfeffer aus der Mühle
3 EL Speisestärke
2 Frühlingszwiebeln
1 Zweig Koriander
6 EL Traubenkernöl
3 cl trockener Weißwein

So wird's gemacht

1. Die Glasnudeln etwa 10 Minuten in heißem Wasser quellen lassen, abgießen und gut abtropfen lassen.
2. Das Lachsfilet waschen, trockentupfen und in 1 cm breite Streifen schneiden. Das Filet salzen, pfeffern und in 2 Eßlöffeln Speisestärke vorsichtig wenden.
3. Die Frühlingszwiebeln putzen, waschen und in 1 cm große Ringe schneiden. Den Koriander waschen und die Blätter von den Stielen zupfen.
4. 1 Eßlöffel Öl im Wok erhitzen, ihn damit ausschwenken und das Öl wieder abgießen. Diesen Vorgang einmal wiederholen. Dann noch etwas Öl im Wok erhitzen und nun die Frühlingszwiebeln darin kurz anbraten. Die Lachsstreifen dazugeben und etwa 10 Sekunden mitbraten. Anschließend alles herausnehmen und beiseite stellen.
5. Die Nudeln im Wok kurz braten, den Lachs, die Zwiebeln und den Koriander hinzufügen und einmal vorsichtig umrühren. Die restliche Speisestärke mit dem Weißwein anrühren, in den Wok geben und alles einmal aufkochen lassen. Mit Salz und Pfeffer abschmecken.

(auf dem Foto: links)

Glasnudeln mit Huhn und Gemüse

Zubereitungszeit
ca. 25 Min.

Zutaten für 4 Personen

300 g Glasnudeln
250 g Hühnerbrust
Salz, weißer Pfeffer aus der Mühle
1 EL Speisestärke
1 Frühlingszwiebel
120 g Sojabohnenkeime
100 g Egerlinge, 6 EL Erdnußöl
1 Msp. geriebene Muskatnuß
2 EL Sojasauce

So wird's gemacht

1. Glasnudeln etwa 10 Minuten in heißem Wasser quellen lassen, abgießen und abtropfen lassen. Hühnerbrust in feine Streifen schneiden, salzen, pfeffern und in der Speisestärke wenden. Die Frühlingszwiebel putzen, waschen und in feine Röllchen schneiden. Sojabohnenkeime waschen und abtropfen lassen. Champignons putzen, kurz waschen und vierteln.
2. Im Wok 1 Eßlöffel Öl erhitzen, ihn damit ausschwenken und das Öl wieder abgießen. Diesen Vorgang einmal wiederholen. Dann noch etwas Öl im Wok erhitzen und die Hühnerbrust darin 1 1/2 Minuten goldbraun braten, herausnehmen und beiseite legen.
3. Champignons und Frühlingszwiebel in den Wok geben, etwa 1/2 Minute anbraten und herausnehmen. Nudeln in den Wok geben und etwa 20 Sekunden braten. Sojabohnenkeime hinzufügen und weitere 20 Sekunden braten.
4. Übrige Zutaten dazugeben, kurz erwärmen, mit Salz, Pfeffer, Muskat und Sojasauce abschmecken.

(auf dem Foto: rechts)

Gebratene Reisnudeln mit Schweinefleisch

Zubereitungszeit
ca. 20 Min.
Zeit zum Einweichen
ca. 20 Min.
Zeit zum Marinieren
ca. 10 Min.

Zutaten für 4 Personen

300 g Schweinefilet
40 g Frühlingszwiebeln
300 g chinesische Reisnudeln

Für die Marinade:

1 Prise Salz, 3 Prisen Zucker
1/2 TL Pfeffer aus der Mühle
4 TL Speisestärke
10 EL Öl

Außerdem:

4 Eier, 300 g Sojabohnenkeimlinge
Öl zum Ausschwenken und Braten
2 TL Salz, 1 TL Pfeffer
4 EL Zucker, 6 EL Sojasauce
2 EL Sesamöl

So wird's gemacht

1. Das Schweinefilet in Streifen schneiden. Die Frühlingszwiebeln putzen, waschen und in kleine Stücke schneiden. Die Reisnudeln in heißem Wasser etwa 15 Minuten einweichen und anschließend nochmals ewa 5 Minuten in kaltes Wasser legen. Abgießen und auf Küchenkrepp abtropfen lassen.
2. Das Schweinefilet in einer Schüssel mit Salz, Zucker, Pfeffer, Speisestärke, Öl und 8 Eßlöffeln Wasser gut vermengen und etwa 10 Minuten marinieren lassen. Die Eier verquirlen. Die Sojabohnenkeimlinge kalt abspülen und abtropfen lassen.
3. Eine Pfanne oder einen Wok erhitzen und zweimal mit Öl ausschwenken. Das Fleisch in heißem Öl unter ständigem Rühren kurz braten. Herausnehmen und beiseite stellen. Die Pfanne oder den Wok erneut erhitzen, zweimal mit Öl ausschwenken. 8 Eßlöffel Öl hineingeben und erhitzen. Die Eier hineingeben und braten, bis sie zu stocken beginnen.
4. Die vorbereiteten Glasnudeln dazugeben und bei großer Hitze unter Rühren 2 Minuten braten. Nun das Schweinefleisch und die Sojabohnenkeimlinge hinzufügen und mit Salz, Pfeffer, Zucker und Sojasauce würzen. Alles nochmals kurz braten. Vor dem Servieren mit Frühlingszwiebeln bestreuen und mit Sesamöl verfeinern.

Nudelallerlei

Zubereitungszeit
ca. 30 Min.
Zeit zum Marinieren
ca. 10 Min.

Zutaten für 4 Personen

100 g Karotten, 100 g Rinderfilet
100 g Schweinefilet
60 g gekochter Schinken

Für die Marinade:

je 2 Prisen Salz, Pfeffer und Zucker
1 EL Speisestärke, 8 EL Öl

Außerdem:

250 g chinesische Eiernudeln
4 EL Öl, 4 Eier
200 g Sojabohnenkeimlinge
Öl zum Ausschwenken und zum Braten
80 g gekochte, geschälte Krabben
2 EL Zucker, 1 TL Pfeffer
2 TL Salz, 4 EL Sojasauce
60 g frische blanchierte Erbsen (ersatzweise TK-Erbsen)

So wird's gemacht

1. Die Karotten schälen und in feine Streifen schneiden. Das Rinder- und Schweinefilet sowie den Schinken ebenfalls in Streifen schneiden. Das Fleisch mit Salz, Zucker, Pfeffer, Speisestärke, Öl und 8 Eßlöffeln Wasser mischen und 10 Minuten marinieren lassen.
2. Die Nudeln in reichlich kochendem Salzwasser bißfest garen, abgießen und mit kaltem Waser abspülen. Dann mit 4 Eßlöffeln Öl vermischen. Die Eier verquirlen. Die Sojabohnenkeimlinge kalt abspülen und abtropfen lassen.
3. Eine Pfanne oder einen Wok erhitzen und zweimal mit Öl ausschwenken. Das Fleisch, den Schinken, die Krabben und die Karotten in wenig Öl unter Rühren kurz braten. Herausnehmen und beiseite stellen.
4. Die Pfanne oder den Wok erneut erhitzen, zweimal mit etwas Öl ausschwenken. 8 Eßlöffel Öl hineingeben und erhitzen. Die Eier hinzufügen und unter Rühren so lange braten, bis sie zu stocken beginnen. Die Nudeln dazugeben und unter Rühren kurz anbraten. Rind- und Schweinefleisch, Krabben, Schinken und Karotten zu den Nudeln geben. Rasch verrühren und das Ganze mit Zucker, Pfeffer, Salz und Sojasauce würzen. Zum Schluß die Erbsen und die Sojabohnenkeimlinge hinzufügen, alles nochmals gut braten und dann servieren.

Grüne Nudeln in Knoblauchsauce

Zubereitungszeit
ca. 25 Min.

Zutaten für 4 Personen

600 g schmale grüne Bandnudeln
Salz
100 g frischer Blattspinat
4 Knoblauchzehen
6 EL Traubenkernöl
125 g Mandelstifte
500 g Sahne
weißer Pfeffer aus der Mühle

So wird's gemacht

1. Die Nudeln in Salzwasser bißfest kochen, abschrecken und gut abtropfen lassen.
2. Den Spinat putzen, von den Stielen befreien und zweimal waschen. Einige Blätter für die Garnitur aufheben, die restlichen in feine Streifen schneiden. Die Knoblauchzehen schälen und fein hacken.
3. 1 Eßlöffel Öl im Wok erhitzen, ihn damit ausschwenken und das Öl wieder abgießen. Diesen Vorgang einmal wiederholen.
4. Dann noch etwas Öl im Wok erhitzen und nun den Knoblauch sowie die Mandelstifte darin kurz anrösten. Diese anschließend herausnehmen und beiseite stellen.
5. Die Sahne in den Wok geben und auf die Hälfte reduzieren lassen. Den Spinat hinzufügen und etwa 1 Minute mitkochen, bis er zusammenfällt.
6. Die Nudeln, den Knoblauch und die Mandeln vorsichtig unter den Spinat mischen und alles mit Salz und Pfeffer abschmecken. Das Gericht mit einigen Spinatblättern garnieren.

(auf dem Foto: oben links)

Gebratene Nudeln mit Krabben

Zubereitungszeit
ca. 25 Min.

Zutaten für 4 Personen

350 g Bandnudeln, Salz
180 g ausgelöste Krabben
120 g Bambussprossen
1 Knoblauchzehe
100 g Kirschtomaten
1 Bund Basilikum
6 EL Traubenkernöl
2 EL Tomatenketchup
2 EL Sojasauce
1 TL Shrimpspaste
weißer Pfeffer aus der Mühle

So wird's gemacht

1. Die Nudeln in Salzwasser bißfest kochen und abtropfen lassen.
2. Die Krabben waschen und trockentupfen. Die Bambussprossen abtropfen lassen und in Streifen schneiden. Die Knoblauchzehe schälen und fein hacken. Die Kirschtomaten waschen und halbieren. Das Basilikum waschen und in feine Streifen schneiden. 12 Blätter für die Garnitur beiseite legen.
3. 1 Eßlöffel Öl im Wok erhitzen, ihn damit ausschwenken und das Öl wieder abgießen. Diesen Vorgang einmal wiederholen. Dann noch etwas Öl im Wok erhitzen und nun die Nudeln darin kurz anbraten. Das vorbereitete Gemüse und die Basilikumstreifen in den Wok geben und erhitzen.
4. Das Gericht mit Ketchup, Sojasauce, Shrimpspaste, Salz und Pfeffer abschmecken und mit den Basilikumblättern garnieren.

(auf dem Foto: oben rechts)

Nudeln in Safransauce

Zubereitungszeit
ca. 25 Min.

Zutaten für 4 Personen

500 g Bandnudeln
Salz
200 g ausgelöste Krevetten
1 Knoblauchzehe
1 Frühlingszwiebel
5 g junge Ingwerwurzel
6 EL Traubenkernöl
1 Msp. Safranpulver
500 g Sahne
weißer Pfeffer aus der Mühle
1 Petersilienzweig zum Garnieren

So wird's gemacht

1. Die Nudeln in Salzwasser bißfest kochen, abschrecken und gut abtropfen lassen. Die Krevetten kurz waschen.
2. Die Knoblauchzehe schälen und fein hacken. Die Frühlingszwiebel putzen, waschen und in 1 cm große Stücke schneiden. Den Ingwer schälen und fein hacken. Den Kerbel waschen und die Blätter von den Stielen zupfen.
3. 1 Eßlöffel Öl im Wok erhitzen, ihn damit ausschwenken und das Öl wieder abgießen. Diesen Vorgang einmal wiederholen.
4. Dann noch etwas Öl im Wok erhitzen und nun den Ingwer, den Knoblauch und die Frühlingszwiebel darin kurz anbraten. Den Safran und die Sahne dazugeben und sie auf die Hälfte reduzieren lassen.
5. Die Nudeln und die Krevetten in der Sauce kurz erwärmen. Das Gericht mit Salz und Pfeffer abschmecken und mit Petersilie garnieren.

(auf dem Foto: unten)

Chilihack im Nudeltäschchen

Zubereitungszeit
ca. 25 Min.

Zutaten für 4 Personen

Asiatischer Nudelteig
(Rezept siehe Seite 162)
1 Zwiebel
4 EL Butterschmalz
(z.B. von Butaris)
400 g Rinderhackfleisch
Salz
schwarzer Pfeffer aus der Mühle
1 TL frisch geriebene Ingwerwurzel
1/2 TL Chilipulver
1 TL Fünf-Gewürz-Pulver
1/2 Liter Gemüsebrühe
(aus Instantpulver)

So wird's gemacht

1. Nudelteig nach Rezeptanweisung von Seite 162 zubereiten und in Rechtecke schneiden. Die Zwiebel schälen und fein würfeln.
2. Das Butterschmalz in einer Pfanne erhitzen und die Zwiebel darin anbraten. Das Hackfleisch dazugeben und bei starker Hitze unter ständigem Rühren 3 Minuten braten. Das Fleisch salzen, pfeffern, den Ingwer, das Chili- und das Fünf-Gewürz-Pulver dazugeben, alles gut durchrühren, dann vom Herd nehmen.
3. Die Hackfleischmasse auf die Teigrechtecke verteilen. Die Rechtecke an allen vier Ecken fassen und mit Küchengarn oder einem Strang Frühlingszwiebelgrün oben wie kleine Täschchen zusammenbinden. Die Gemüsebrühe in eine flache Kasserolle einfüllen.
4. Ein Sieb oder einen Einsatz aus dem Dampfkochtopf so einsetzen, daß er nicht in die Brühe eintaucht.
5. Die Nudeltäschchen auf den Einsatz legen, den Deckel schließen und die Täschchen bei schwachem Sieden in etwa 10 Minuten gar dämpfen.

Tip

Fünf-Gewürz-Pulver ist eine chinesische Würzmischung, die Sie in Asienläden erhalten.

Variation

Wenn Sie gerne scharf essen, können Sie das Fleisch mit 1 Messerspitze Sambal Oelek (scharfe indonesische Paste aus roten Chilischoten, Salz und Öl) würzen.

Reisnudeln mit Geflügel und Pilzen

Zubereitungszeit
ca. 35 Min.
Zeit zum Einweichen
ca. 1 Std.

Zutaten für 4 Personen

25 g getrocknete chinesische Pilze
(Wolkenohr oder Mu-err)
300 g Reisnudeln
1 kleine Schalotte
1 kleine Karotte
300 g Poulardenbrust
wenig Sojaöl oder Öl
25 g geschälte Ingwerwurzel
2 EL Sojasauce
Salz
schwarzer Pfeffer aus der Mühle
1 Bund Schnittlauch

So wird's gemacht

1. Die Pilze in lauwarmem Wasser etwa 1 Stunde einweichen. Dann unter fließendem Wasser gut abspülen und in dünne Streifen schneiden. Die Nudeln 3 bis 4 Minuten in Salzwasser kochen und abtropfen lassen.
2. Die Schalotte und die Karotte schälen und würfeln. Die Poulardenbrust enthäuten, kalt abspülen, trockentupfen und in mundgerechte Stücke schneiden. Wenig Sojaöl oder Öl in einer Pfanne oder in einem Wok erhitzen und die Fleischstücke darin anbraten.
3. Den Ingwer in dünne Scheiben schneiden und zusammen mit den Schalotten- und Karottenwürfeln zum Fleisch geben. Alles bei starker Hitze unter ständigem Rühren braten. Die Pilze hinzufügen und mit der Sojasauce ablöschen.
4. Die Reisnudeln unter die Masse heben. Mit Salz und Pfeffer abschmecken und nach Belieben mit Sojasauce nachwürzen.
5. Den Schnittlauch waschen, trockentupfen, in Röllchen schneiden und unterheben. Das Gericht auf vorgewärmten Tellern oder in Schalen servieren.

Tip

Wolkenohr- oder Mu-err-Pilze müssen nach dem Einweichen immer gründlich unter fließendem Wasser abgespült werden, da sie häufig Sand enthalten.

Krebsreisnudeln

Zubereitungszeit
ca. 25 Min.

Zutaten für 4 Personen

5 getrocknete Chilischoten
5 gewürfelte Schalotten
5 durchgepreßte Knoblauchzehen
1/2 TL Salz, 400 g Reisnudeln
300 g Sojabohnensprossen
200 g Chinakohl, 6 EL Öl
600 g Krebsfleisch (aus der Dose)
5 EL Tamarindensaft
5 EL Fischsauce (Fertigprodukt)
2 EL brauner Zucker
Zitronenachtel zum Garnieren

So wird's gemacht:

1. Chilischoten zerstoßen, zusammen mit Schalotten, Knoblauch und Salz im Mörser zu einer Paste zerreiben. Nudeln mit kochendem Wasser übergießen, 4 Minuten quellen, dann abtropfen lassen. Die Sojabohnensprossen abtropfen lassen. Chinakohl putzen, waschen und in feine Streifen schneiden.
2. 3 Eßlöffel Öl in einer Pfanne erhitzen und die Gewürzpaste darin anbraten. Das Krebsfleisch hinzufügen und 1 Minute braten.
3. In einer zweiten Pfanne 3 Eßlöffel Öl erhitzen und die Nudeln darin anbraten. Sojabohnensprossen und Chinakohl dazugeben und unter Rühren einige Minuten braten.
4. Die Krabbenmischung zu den Nudeln geben. Alles mit Tamarindensaft, Fischsauce und Zucker abschmecken und in 1 bis 2 Minuten unter Rühren heiß werden lassen. Das Ganze mit Zitronenachteln garnieren.

Reisnudeln mit Fischsauce

Zubereitungszeit
ca. 1 Std.
Zeit zum Wässern
ca. 3 Std.

Zutaten für 4 Personen

100 g Stockfisch
Öl zum Braten
7 Schalotten
5–10 getrocknete Chilischoten
10 durchgepreßte Knoblauchzehen
1 EL getrocknetes Zitronengras
2 EL frische Minzeblätter
1 TL Salz
1 EL Krabbenpaste
400 g frisch geriebene Kokosnuß
200 g Fischfilet (z.B. Rotbarsch)
400 g Reisnudeln

je 100 g grüne Bohnen, Wirsing und Sojabohnensprossen (Dose)
1/2 Salatgurke
1 grüne Paprikaschote
2 hartgekochte Eier in Scheiben
1 kleiner Bund Basilikum

So wird's gemacht

1. Den Stockfisch 3 Stunden wässern, abtropfen lassen, trockentupfen, in feine Fasern zerzupfen und diese in wenig Öl braun braten. Die Schalotten schälen und fein hacken. Chilischoten zerreiben.
2. Stockfisch, Schalotten, Chilischoten, Knoblauch, Zitronengras, Minze, Salz und Krabbenpaste zusammen mit 75 ml Wasser bei milder Hitze etwa 20 Minuten weichkochen. Zitronengras entfernen, alles andere pürieren.
3. Kokosnußfleisch mit kochendem Wasser überbrühen, auf ein Sieb gießen, fest auspressen. Fischfilet in Salzwasser gar dünsten.
4. Den Fisch mit dem Stockfischpüree vermischen. Die Kokosmilch und das Fischkochwasser hinzufügen und alles zum Kochen bringen. Unter ständigem Rühren im offenen Topf so lange einkochen lassen, bis es eingedickt ist.
5. Reisnudeln in kochendes Wasser geben, 3 bis 4 Minuten quellen, dann abtropfen lassen. Bohnen putzen und in wenig Salzwasser etwa 20 Minuten garen. Wirsing in Streifen schneiden und mit kochendem Wasser überbrühen.
6. Die Sojabohnensprossen abtropfen lassen. Die Salatgurke schälen und dann in dünne Scheiben schneiden. Die Paprikaschote putzen und in mundgerechte Würfel schneiden.
7. Nudeln, Gemüse, Eier und Basilikum anrichten. Die Fischsauce in einem Schälchen dazustellen.

Vollkorn-nudel-gerichte

Vollwertgerichte haben in den letzten Jahren immer mehr Anhänger gefunden. Das liegt nicht zuletzt daran, daß sich verschiedene Spitzenköche auch dieser gesunden Kost gewidmet haben und diese Zubereitungsart zu einer ganz eigenen Kochkunst für Genießer erhoben haben. Vollmundige Vollkornspaghetti und -bandnudeln mit feinen Gemüsesaucen sind dabei nur ein leckeres Resultat aus dem langjährigen Umgang mit naturbelassenen Getreideerzeugnissen.

Vollkornnudeln mit Gemüse-Käse-Sauce

Zubereitungszeit
ca. 40 Min.

Zutaten für 4 Personen

2 Stangen Lauch
2 Zwiebeln
300 g kleine Champignons
3 EL Butter
4 EL feines Weizenvollkornmehl
4 EL Sahne
$^1/_2$ Liter Gemüsebrühe
(aus Instantpulver)
geriebene Muskatnuß
250 g Vollkornbandnudeln
Meersalz
160 g Gorgonzola

So wird's gemacht

1. Den Lauch putzen, halbieren, waschen und in schmale Streifen schneiden. Die Zwiebeln schälen und in feine Ringe schneiden. Die Pilze putzen, kurz waschen und die größeren Köpfe halbieren.
2. Die Butter erhitzen und Lauch, Zwiebeln und Pilze darin andünsten. Anschließend mit Vollkornmehl bestäuben. Die Sahne und die Gemüsebrühe angießen, etwas Muskatnuß hinzufügen und alles etwa 10 Minuten köcheln lassen.
3. In der Zwischenzeit die Nudeln in leicht gesalzenem Wasser in etwa 10 Minuten bißfest garen. Auf einem Sieb abtropfen lassen. Den Käse in kleine Würfel schneiden, zur Gemüse-Pilz-Sauce geben und darin unter ständigem Rühren schmelzen lassen. Die Nudeln zusammen mit der Sauce anrichten.

Tip

Dazu paßt ein gemischter Salat oder eine Rohkostplatte, bestehend aus Karotten, Gurke, Tomaten und Sellerie.

Variation

Anstelle von Lauch können Sie auch 400 g frischen Blattspinat nehmen. Den Blattspinat verlesen, waschen, fein hacken und in den letzten 5 Minuten der Garzeit zur Pilz-Sahne-Mischung geben.

Haferravioli

Zubereitungszeit
ca. 30 Min.

Zutaten für 4 Personen
240 g Haferflocken
(z.B. Kölln Instant Flocken)
2 Eier, 2 Eigelb, 2 EL Pflanzenöl
Jodsalz, 2 Zwiebeln
250 g Tomaten, 150 g Lauch
4 EL Butter, Pfeffer, 1 Eiweiß
2 EL Sesam-Samen, 1/4 Liter Milch
2 durchgepreßte Knoblauchzehen
100 g Blauschimmelkäse
1 Prise edelsüßes Paprikapulver
1 EL Haferflocken
4 EL gehackte Petersilie

So wird's gemacht

1. Die Haferflocken mit Eiern, Eigelben, 3 Eßlöffeln Wasser, Öl sowie 1 Prise Salz zu einem glatten Teig verarbeiten, 30 Minuten ruhen lassen. Zwiebeln schälen und fein würfeln. Tomaten überkreuz einritzen, mit heißem Wasser überbrühen, enthäuten und das Fruchtfleisch würfeln. Lauch waschen und in Streifen schneiden. Das Gemüse 5 Minuten in heißer Butter dünsten, abkühlen lassen, salzen und pfeffern.
2. Den Teig dünn ausrollen, 8 Kreise von ca. 10 cm Durchmesser ausstechen. Die Ränder mit Eiweiß bestreichen. Füllung auf die Mitte der Kreise setzen und den Teig zu Taschen formen. 15 Minuten in sprudelndem Salzwasser garen.
4. Sesam ohne Fettzugabe anrösten, abkühlen lassen. Milch und Knoblauch erhitzen. Den Käse in Stücke schneiden und in der Sauce schmelzen. Abschmecken und mit Haferflocken binden, Sesam einrühren. Zusammen mit der Sauce anrichten und mit Petersilie bestreuen.

Spaghetti mit Zucchinisauce

Zubereitungszeit
ca. 20 Min.

Zutaten für 4 Personen

250 g Vollkornspaghetti
1 kg Zucchini
4 EL Butter
2 Knoblauchzehen
2 EL Gemüsebrühe
(aus Instantpulver)
160 g Gorgonzola
8 EL saure Sahne
8 EL gehacktes Basilikum

So wird's gemacht

1. Die Spaghetti in reichlich kochendem Salzwasser bißfest garen. Inzwischen die Zucchini waschen, putzen und in dünne Scheiben hobeln.
2. Die Butter in einer Pfanne erhitzen und die Zucchinischeiben darin andünsten. Die Knoblauchzehen schälen und durch eine Presse in die Pfanne drücken. Alles mit der Brühe würzen und zugedeckt etwa 10 Minuten dünsten.
3. Den Käse in kleine Würfel schneiden und in dem Gemüse schmelzen lassen. Die saure Sahne unterrühren und die Sauce mit einem Passiergerät pürieren.
4. Die Nudeln abgießen, auf einem Sieb abtropfen lassen und kurz mit warmem Wasser abbrausen.
5. Die Nudeln auf vorgewärmten Tellern verteilen, jeweils mit Zucchinisauce bedecken und mit Basilikum bestreuen.

(auf dem Foto: oben)

Spaghetti mit Knoblauchsauce

Zubereitungszeit
ca. 20 Min.

Zutaten für 4 Personen

250 g Vollkornspaghetti
2 Knoblauchzehen
6 EL kalt gepreßtes Olivenöl
1 TL Kräutersalz
1 Msp. Cayennepfeffer
4 EL gehackte Majoranblättchen

So wird's gemacht

1. Die Spaghetti in reichlich Salzwasser bißfest garen. In der Zwischenzeit den Knoblauch schälen und durch eine Presse in ein Schüsselchen drücken.
2. Das Öl zum Knoblauch geben, das Kräutersalz und den Cayennepfeffer hinzufügen und alles mischen.
3. Die Nudeln abgießen, kurz mit warmem Wasser abbrausen und in eine große Schüssel geben. Die Knoblauchsauce dazugeben und alles gut vermischen. Vor dem Servieren mit Majoranblättchen bestreuen.

(auf dem Foto: Mitte)

Variationen

Je nach Geschmack können Sie die Anzahl der Knoblauchzehen verdoppeln oder auch nur eine verwenden. Wenn Sie Knoblauch nicht mögen, können Sie ersatzweise in Butter gedünstete Frühlingszwiebeln nehmen. Für 4 Portionen benötigen Sie einen kleinen Bund Frühlingszwiebeln. Die Frühlingszwiebeln putzen, waschen, in feine Ringe schneiden und bei mittlerer Hitze in Fett 2 bis 3 Minuten andünsten. Die Zwiebeln dann in einem Sieb abtropfen lassen und mit den übrigen Saucenzutaten mischen.

Nudeln mit Pilz-Sahne-Sauce

Zubereitungszeit
ca. 45 Min.

Zutaten für 4 Personen

700 g Champignons, Pfifferlinge
oder andere Pilze
1 Zwiebel
3 EL Butter
1/2 Liter Gemüsebrühe
(aus Instantpulver)
250 g Vollkornspiralnudeln
8 EL Sahne
schwarzer Pfeffer aus der Mühle
6 EL gehackte Petersilie

So wird's gemacht

1. Die Pilze putzen, falls nötig kurz waschen oder mit einem feuchten Tuch abwischen und in Scheiben schneiden. Die Zwiebel schälen und fein würfeln.
2. Die Butter in einer Pfanne erhitzen und die Zwiebel darin glasig dünsten. Die Pilze hinzufügen und bei mittlerer Hitze anbraten. Die Gemüsebrühe angießen und das Ganze zugedeckt 20 bis 25 Minuten köcheln lassen.
3. Inzwischen die Nudeln in reichlich kochendem Salzwasser bißfest garen, auf einem Sieb abtropfen lassen und auf vorgewärmten Tellern verteilen.
4. Die Pilzsauce mit der Sahne verfeinern, mit Pfeffer abschmecken und die Petersilie unterheben. Auf jede Nudelportion etwas Sauce geben und das Ganze sofort servieren.

(auf dem Foto: unten)

Grüne Vollkornnudeln mit Pinienkernsauce

Zubereitungszeit
ca. 25 Min.
Zeit zum Ruhen
ca. 30 Min.

Zutaten für 4 Personen

Für den Teig:
- *125 g Blattspinat*
- *250 g feines Weizenvollkornmehl*
- *1 Ei*
- *1/2 TL Meersalz*
- *1–2 EL kalt gepreßtes Olivenöl*

Für die Sauce:
- *40 g Pinienkerne*
- *2 EL kalt gepreßtes Sonnenblumenöl*
- *5 EL Sahne*
- *5 EL frisch geriebener Parmesan*
- *schwarzer Pfeffer aus der Mühle*

So wird's gemacht

1. Den Spinat verlesen, kurz blanchieren, kalt abschrecken, ausdrücken und fein hacken oder pürieren.
2. Das Mehl auf ein Brett häufen, eine tiefe Mulde hineindrücken und das Ei hineinschlagen. Spinat, Meersalz und Öl dazugeben. Vom Rand das Mehl einarbeiten und einen geschmeidigen Teig herstellen. Den Teig etwa 5 Minuten kneten, bis er elastisch ist, eventuell etwas Mehl dazugeben und dann zugedeckt etwa 30 Minuten ruhen lassen.
3. Den Teig dünn ausrollen, und die Teigplatte in etwa 2 cm dicke Streifen schneiden. Die Nudeln kurz antrocknen lassen und dann in reichlich kochendem Salzwasser bißfest garen.
4. Für die Sauce die Pinienkerne im Mörser zerstoßen, bis das Nußöl austritt. Dann tropfenweise das Öl, die Sahne und den Parmesan hinzufügen. Alles verrühren, bis eine dickflüssige Masse entsteht. Die Sauce mit Meersalz und Pfeffer kräftig abschmecken. Die Nudeln abtropfen lassen und zusammen mit der Pinienkernsauce servieren.

Tip

Wenn Sie keinen frischen Spinat bekommen können, können Sie ersatzweise 1 Bund fein pürierte Petersilie zum Teig geben.

Vollkornnudeln mit Spinatsauce

Zubereitungszeit
ca. 45 Min.

Zutaten für 4 Personen

1 Zwiebel
2 Knoblauchzehen
800 g Blattspinat
360 g Vollkornnudeln
Jodsalz
1 EL Margarine
60 g Gorgonzola
100 g Sahne
schwarzer Pfeffer aus der Mühle
geriebene Muskatnuß

So wird's gemacht

1. Die Zwiebeln schälen und fein hacken. Den Knoblauch schälen und durch die Presse drücken. Den Spinat verlesen, waschen und fein hacken.
2. Die Nudeln in reichlich kochendem Salzwasser bißfest garen. Dann auf einem Sieb abtropfen lassen und warmhalten.
3. Während die Nudeln kochen, die Margarine in einer Pfanne erhitzen, Zwiebel und Knoblauch darin andünsten. Den Spinat dazugeben und etwa 5 Minuten mitdünsten, bis er zusammenfällt.
4. Den Gorgonzola würfeln, mit der Sahne glattrühren und zum Spinat geben. Die Sauce mit wenig Salz sowie mit Pfeffer ud Muskat abschmecken und kurz köcheln lassen, bis sich der Käse völlig aufgelöst hat. Die Nudeln zusammen mit der Sauce servieren.

Süße Nudelgerichte

Wieder einmal beweisen Nudeln ihre Vielseitigkeit: Sie können nicht nur als Vor- oder Hauptspeise, sondern auch als Dessert serviert werden. Denn sie schmecken nicht nur mit Schinken und Speck, sondern auch gezuckert und geröstet, mit frischen Früchten und süßer Sahne sind sie nicht zu verachten! Süße Nudelgerichte sind eine Leibspeise vieler Kinder, und auch manche Erwachsene lassen sich von diesen lieblichen Genüssen leicht verführen.

Nudeln mit Kuvertüre

Zubereitungszeit
ca. 35 Min.

Zutaten für 4 Personen

Süßer Nudelteig
(Rezept siehe Seite 13)
etwas Zucker
100 g Sahne
150 g dunkle Kuvertüre

So wird's gemacht

1. Einen süßen Nudelteig nach Rezeptanweisung von Seite 13 zubereiten. Den Teig von Hand oder mit einer Maschine dünn ausrollen und in Streifen schneiden.
2. Die Nudeln in leicht gesüßtem Wasser sehr kurz bißfest kochen, mit heißem Wasser abbrausen, abtropfen lassen und in der Sahne schwenken.
3. Die Nudeln auf Tellern anrichten und die Kuvertüre über die Nudeln hobeln oder reiben.

(auf dem Foto: oben)

Variation

Mit der Wahl der Schokoladensorte (z.B. mit Nuß-, Halbbitter oder Nougatschokolade) können Sie dieses Rezept nach Belieben immer wieder neu variieren. Auch eine Schokoladensauce, mit einem Schuß Orangen- oder Kakaolikör verfeinert, paßt gut zu süßen Nudeln.

Schokoladenravioli mit Vanillesauce

Zubereitungszeit
ca. 1 Std.

Zutaten für 4 Personen

Süßer Nudelteig
(Rezept siehe Seite 13)
150 g dunkle Kuvertüre

Für die Füllung:

75 g Speisequark (20 % Fett)
1 EL Zucker, 1 Eigelb

Für die Vanillesauce:

1/4 Liter Milch
Mark von 1 Vanilleschote
3 Eigelb, 50 g Zucker

Außerdem:

3 EL Sahne

So wird's gemacht

1. Einen süßen Nudelteig nach Rezeptanweisung von Seite 13 zubereiten. Die Kuvertüre im Wasserbad schmelzen und rasch in den Teig einarbeiten.
2. Den Quark mit Zucker und Eigelb verrühren. Milch zusammen mit Vanillemark aufkochen und 5 Minuten ziehen lassen. Die übrigen Eigelbe mit dem Zucker schaumig rühren. Die heiße Milch dazugießen, alles unter Rühren erhitzen, bis die Sauce dickflüssig wird und sofort durch ein Sieb abgießen.
3. Den Teig halbieren und dünn ausrollen. Auf die eine Teigplatte in 5 cm Abständen Quarkmasse daraufsetzen. Die Ränder befeuchten und die zweite Platte darüberlegen, andrücken und Ravioli ausschneiden.
4. Die Ravioli in leicht gesüßtem Wasser etwa 10 Minuten kochen, abgießen und in Sahne schwenken. Mit der Vanillesauce servieren.

(auf dem Foto: unten)

Kaffeenudeln mit Nüssen und Äpfeln

Zubereitungszeit
ca. 50 Min.

Zutaten für 4 Personen

Süßer Nudelteig
(Rezept siehe Seite 13)
2 EL Kaffeepulver
2 EL Haselnüsse
2 EL Walnüsse
3 säuerliche Äpfel
Saft von 1 Zitrone
etwas Zucker, 1 EL Butter
2 EL flüssiger Honig, 3 EL Sahne

So wird's gemacht

1. Einen süßen Nudelteig nach Rezeptanweisung von Seite 13 zubereiten. Dabei das Kaffeepulver einarbeiten. Einige schöne Nüsse für die Dekoration beiseite legen, die restlichen grob hacken.
2. Die Äpfel schälen, vom Kerngehäuse befreien, in kleine Stücke schneiden und diese mit Zitronensaft beträufeln.
3. Den Nudelteig dünn ausrollen und in 1 cm breite Streifen schneiden. Die Nudeln in leicht gesüßtem Wasser bißfest kochen.
4. Die Butter in einem Topf leicht erhitzen, den Honig hinzufügen und die Masse schaumig rühren. Die Apfelstückchen dazugeben und darin anschwitzen. Dann die Nüsse unterheben.
5. Die Nudeln abgießen, in der Sahne schwenken und auf vorgewärmte Teller verteilen. Die Apfel-Nuß-Masse darübergeben und jede Portion mit Nüssen und eventuell etwas Kaffeepulver verzieren.

Nudelschmarren

Zubereitungszeit
ca. 40 Min.
Zeit zum Durchziehen
ca. 24 Std.

Zutaten für 6 Personen

3/4 Liter Kirschsaft
4 EL Zucker
600 g Apfelspalten
150 g Rosinen
7 cl brauner Rum
12 Eier
120 g Zucker
Salz
2 Päckchen Vanillinzucker
300 g Mehl
600 ml Milch
150 g gekochte Hörnchennudeln
180 g Butter

150 g Mandelstifte
4 EL bunte Marzipankügelchen
Puderzucker zum Bestäuben

So wird's gemacht

1. Kirschsaft und Zucker zum Kochen bringen, Apfelspalten darin köcheln lassen, bis sie weich sind. Den Topf vom Herd nehmen, verschließen und die Äpfel 1 Tag ziehen lassen.
2. Die Rosinen auf einem Sieb kalt abbrausen, abtropfen lassen und in Rum einlegen.
3. Die Eier trennen. Die Eiweiße steif schlagen, dabei 1 Eßlöffel Zucker und 1 Prise Salz hineinrieseln lassen. Die Eigelbe zusammen mit dem restlichen Zucker und dem Vanillinzucker in einer Schüssel schaumig schlagen. Das Mehl darübersieben, die Milch dazugießen und alles gut verrühren.
4. Die Nudeln und die Rosinen zum Teig geben, damit vermischen, den Eischnee vorsichtig unterheben. Die Hälfte der Butter in einer großen beschichteten Pfanne erhitzen. Den Teig hineingießen und bei milder Hitze auf der unteren Seite goldbraun werden lassen.
5. Die Omelette mit zwei Gabeln vorsichtig in Stücke zerteilen, die restliche Butter stückchenweise in die Pfanne geben und die Mandelstifte hineinstreuen. Den Nudelschmarren weiterbacken, bis die Stücke goldbraun sind.
6. Die Apfelspalten aus dem Kirschsaft nehmen, gut abtropfen lassen und auf einem großen Teller dekorativ anrichten. Den Schmarren in die Mitte des Tellers geben, alles mit Puderzucker bestäuben. Mit Marzipankügelchen bestreuen und sofort servieren.

Bandnudeln mit Zucker und Zimt

Zubereitungszeit
ca. 40 Min.

Zutaten für 4 Personen

Süßer Nudelteig
(Rezept siehe Seite 13)
2 Kiwis
1 Birne
etwas Zitronensaft
3 EL Puderzucker
1 EL Zimtpulver
3 EL Sahne

So wird's gemacht

1. Einen süßen Nudelteig nach Rezeptanweisung von Seite 13 zubereiten. Den Nudelteig von Hand oder mit der Maschine in 1 bis 2 cm breite Streifen schneiden.
2. Die Kiwis schälen und in Scheiben oder Stücke schneiden. Die Birne schälen, vierteln und entkernen. Die Viertel in dünne Scheiben schneiden und diese mit etwas Zitronensaft beträufeln.
3. Den Zucker mit dem Zimt vermischen. Die Nudeln in leicht gesüßtem Wasser kurz bißfest kochen und mit der Sahne vermischen.
4. Die Nudeln auf vorgewärmten Tellern verteilen. Die Zucker-Zimt-Mischung über die Nudeln streuen und das Obst anlegen.

(auf dem Foto: oben)

Variationen

Bei der Wahl der Früchte sind Ihrer Phantasie bei diesem Rezept keine Grenzen gesetzt. Sehr fein schmeckt das Gericht zum Beispiel mit sommerfrischen Herzkirschen. Probieren Sie auch die in Österreich so beliebten süßen Mohnnudeln: Die Nudeln, wie oben beschrieben, zubereiten und in leicht gesüßtem Wasser bißfest kochen. 3 Eßlöffel Mohn fein mahlen und in einer breiten Pfanne in 80 g Butter anschwitzen. Die abgetropften Nudeln dazugeben, alles gut vermischen und vor dem Servieren mit 3 Eßlöffeln feinem Zucker bestreuen.

Spaghetti mit Rosinen und Mandeln

Zubereitungszeit
ca. 30 Min.

Zutaten für 4 Personen

200 g extra lange Spaghetti
etwas Öl
3 EL Rosinen
12 Erdbeeren
1 TL Butter
1 EL flüssiger Honig
3 EL Mandelstifte
3 EL Sahne
1 Prise Zucker

So wird's gemacht

1. Die Spaghetti in leicht gesüßtem Wasser bißfest kochen, mit heißem Wasser abbrausen, abtropfen lassen und in einer Schüssel mit etwas Öl vermengen.
2. Die Rosinen etwa 30 Minuten in lauwarmem Wasser einweichen. Die Erdbeeren waschen. Die Butter in einem Topf leicht erhitzen, den Honig hinzufügen und die Masse schaumig rühren. Die abgetropften Rosinen und die Mandelstifte dazugeben und alles vermischen.
3. Die Sahne in einer großen Pfanne erhitzen, den Zucker einrühren, die Spaghetti hinzufügen und kurz darin erhitzen.
4. Die Nudeln auf Tellern anrichten, die Rosinen-Mandel-Mischung jeweils darüber verteilen und zum Schluß die Erdbeeren anlegen.

(auf dem Foto: unten)

Variation

Noch aromatischer schmeckt dieses Dessert mit Mandelerdbeeren: 250 g Erdbeeren waschen, vom Stielansätzen befreien und vierteln. Die Erdbeerviertel in einer Schüssel mit 2 Eßlöffeln feinem Zucker (die Zuckermenge richtet sich nach der Süße der Erdbeeren: sind die Erdbeeren vollreif und süß, fügen Sie entsprechend weniger Zucker hinzu) und 2 cl Mandellikör vermischen. Das Ganze mindestens 15 Minuten ziehen lassen. Die angerichteten Erdbeeren vor dem Servieren mit 1 Teelöffel fein gemahlenen Mandeln bestreuen.

A

Alpler Maggeronen....65
Asiatischer Nudelteig.... 162
Auberginenlasagne 81

B

Badische Nudeln mit Sahnepilzen 69
Bandnudeln mit Aal in Brunnenkressesauce....98
Bandnudeln mit Champignons und Speck....56
Bandnudeln mit Hackfleischsauce, roten Linsen und Mais 64
Bandnudeln mit Hasenragout 125
Bandnudeln mit Jakobsmuscheln 100
Bandnudeln mit Kräutern 60
Bandnudeln mit Meeresfrüchten 111
Bandnudeln mit Miesmuscheln.... 109
Bandnudeln mit Olivenseelachs, grüne 113
Bandnudeln mit Schweinegulasch.... 127
Bandnudeln mit Schweinekoteletts und Basilikumsauce 132
Bandnudeln mit Zucker und Zimt.... 188
Bandnudeln nach Opa Antonio, breite 55
Bandnudelsalat mit Kräutersahne 153
Bohnensuppe mit Nudeln 33
Brauner Nudelteig....13
Breite Bandnudeln nach Opa Antonio 55
Breite Nudeln mit Kalbspaprikasch.... 130
Bunte Nudeln mit Schweinefleischrouladen.... 129
Bunter Nudelsalat.... 159
Butternudeln mit Lachs und Mozzarella 114

C

Cannelloni alla Sottentina....84
Cannelloni mit Fleischfüllung....82
Cannelloni mit Krabbenfüllung 108
Chilihack im Nudeltäschchen 170

D

Dreifarbiger Penne-Gemüse-Salat.... 145

E

Eiernudelteig.... 162

F

Farfalle mit Garnelen 110
Farfalle mit Krabben 121
Fischsuppe mit bunten Nudeln 35
Frühlingslasagne 76

G

Gebratene Nudeln mit Krabben 168
Gebratene Reisnudeln mit Schweinefleisch 166
Gemüsesuppe, italienische 28
Glasnudel-Hackfleisch-Salat 147
Glasnudeln mit Huhn und Gemüse....165
Glasnudeln mit Lachsstreifen 164
Gnocchisalat....154
Grüne Bandnudeln mit Olivenseelachs 113
Grüne Nudeln in Knoblauchsauce....168
Grüne Nudeln mit Gorgonzola-Zabaione.... 68
Grüne Nudeln mit Hackfleisch-Gemüse-Pfanne 131
Grüne Nudeln mit Kalbsrouladen 128
Grüne Nudeln mit Saltimbocca vom Seeteufel 99
Grüne Nudeln mit Seezungen....101
Grüne Tortellini mit vier Käsesorten.... 58
Grüne Vollkornnudeln mit Pinienkernsauce....180
Grüner Nudelteig 12

H

Haferravioli....177
Hähnchenbrust mit jungen Gemüsen im Nudelteig 124
Hecht-Nudel-Terrine....106
Hefeteig....162

I

Italienische Gemüsesuppe 28

K

Kaffeenudeln mit Nüssen und Äpfeln....186
Käsecannelloni mit Brokkoli 85
Kräutersauce 24
Kräutersuppe mit Fadennudeln 30
Krautfleckerln 70
Krebsreisnudeln 172

L

Lasagne al forno 74
Lasagne Florentin 78
Lasagne, lockere 79
Lasagne mit Artischocken 80
Lockere Lasagne.... 79

M

Maggeronen, Alpler 65
Makkaroni mit überbackenem Blumenkohl 91
Maultaschen mit Hecht und Lachs in Buttersauce....114
Maultaschen mit Speck und Zwiebeln 136
Maultaschensuppe.... 34

N

Nudelallerlei....167
Nudelauflauf mit Thymian 90

Nudeleintopf mit Garnelen ... 32
Nudel-Geflügel-Salat mit Orangen-Ingwer-Dressing ... 155
Nudel-Gemüse-Auflauf ... 93
Nudelgratin ... 89
Nudelgratin „Florentin“ ... 87
Nudel-Gurken-Salat mit Poulardenbrust ... 142
Nudelkissen auf Shiitakeragout ... 139
Nudeln in Knoblauchsauce, grüne ... 168
Nudeln in Safransauce ... 168
Nudeln mit Gorgonzola-Zabaione, grüne ... 68
Nudeln mit Hackfleisch-Gemüse-Pfanne, grüne ... 131
Nudeln mit Kalbspaprikasch, breite ... 130
Nudeln mit Kalbsrouladen, grüne ... 128
Nudeln mit Krabben, gebratene ... 168
Nudeln mit Kuvertüre ... 184
Nudeln mit Pilz-Sahne-Sauce ... 178
Nudeln mit Sahnepilzen, badische ... 69
Nudeln mit Saltimbocca vom Seeteufel, grüne ... 99
Nudeln mit Schweinefleischrouladen, bunte ... 129
Nudeln mit Seezungen, grüne ... 101
Nudelpaella ... 120
Nudelpastete ... 86
Nudelpfannkuchen ... 94
Nudelröllchen ... 92
Nudelrollen mit Mortadella ... 88
Nudelsalat, bunter ... 159
Nudelsalat „Caprese“, pikanter ... 144
Nudelsalat mit Mais ... 156
Nudelsalat mit Meeresfrüchten ... 148
Nudelsalat mit Muscheln ... 156
Nudelsalat mit Putenfleisch ... 158
Nudelsalat mit Schinken und Käse ... 152
Nudelsalat mit Thunfisch ... 156
Nudelschmarren ... 186
Nudelteig, asiatischer ... 162
Nudelteig, brauner ... 13
Nudelteig, grüner ... 12
Nudelteig, roter ... 13
Nudelteig, süßer ... 13
Nudelteig, weißer ... 12
Nudel-Zucchini-Salat ... 146
Nußsauce ... 25

O

Orangensauce ... 25

P

Pasta „Italia“ ... 138
Penne feurig-scharf ... 52
Penne-Gemüse-Salat, dreifarbiger ... 145
Penne mit Fleischsauce ... 135
Penne mit Kürbis ... 66
Penne mit Lammkoteletts ... 133
Penne mit Sardinen ... 102
Penne mit Thunfisch ... 118
Pikanter Nudelsalat „Caprese“ ... 144
Pilzlasagne ... 77

R

Ravioli mit Fleischsauce ... 134
Ravioli mit Kalbsleber ... 137
Ravioli mit Schollenfüllung ... 107
Ravioli mit Walnußsauce, rote ... 62
Reisnudeln mit Fischsauce ... 172
Reisnudeln mit Geflügel und Pilzen ... 171
Reisnudeln mit Schweinefleisch, gebratene ... 166
Rigatoni mit Hackfleischsauce ... 48
Rigatoni mit Parmaschinken ... 59
Rote Ravioli mit Walnußsauce ... 62
Roter Nudelteig ... 13

S

Sahnesauce ... 24
Salbeinudeln mit Austernpilzen ... 61
Schinkenfleckern ... 70
Schmetterlingsnudeln mit Thunfisch, Oliven und Kapern ... 105
Schmetterlingsnudeln mit Trüffel-Steinpilz-Sauce ... 57
Schokoladenravioli mit Vanillesauce ... 185
Spaghetti al Pesto ... 48
Spaghetti alla carbonara ... 46
Spaghetti auf sizilianische Art ... 40
Spaghetti-Gemüse-Salat ... 150
Spaghetti mit Gorgonzola ... 43
Spaghetti mit Käsesauce ... 39
Spaghetti mit Knoblauchsauce ... 178
Spaghetti mit Meeresfrüchten ... 104
Spaghetti mit Orangensauce ... 42
Spaghetti mit Rosinen und Mandeln ... 188
Spaghetti mit Salbei-Schinken-Sauce ... 50
Spaghetti mit Scampi ... 112
Spaghetti mit scharfer Tomatensauce ... 52

Spaghetti mit Tomaten und Basilikum 38
Spaghetti mit Tomaten und Mozzarella 45
Spaghetti mit Venusmuscheln 103
Spaghetti mit Zitronensauce 41
Spaghetti mit Zucchinisauce 178
Spaghetti nach Art der leichten Mädchen 47
Spaghettini mit Auberginen 67
Spaghettini mit Bohnenpüree 44
Spaghettini mit Pfifferlingen 51
Spaghettiomelette 95
Spaghettisalat mit Parmesan 142
Spätzle mit grünen Linsen 63
Spätzle mit Schweinemedaillons 126
Spätzlesalat mit Schollenfilet 149
Spiralnudeln an Carretierasauce 119
Spiralnudeln mit Käse-Nuß-Sauce 48
Spiralnudeln mit Nußsauce 54
Sternennudeln mit Hechtfüllung 116
Süßer Nudelteig 13

T

Teigtaschen mit Krabbenfüllung 162
Tomatensauce 24
Tomatenspaghetti mit Tintenfischragout 117
Tomatensuppe mit Nudelteighaube 31
Tortellini in Brodo 29
Tortellini mit vier Käsesorten, grüne 58

V

Vollkornnudeln mit Gemüse-Käse-Sauce 176
Vollkornnudeln mit Pinienkernsauce, grüne 180
Vollkornnudeln mit Spinatsauce 181
Vollkornnudelsalat 151

W

Weißer Nudelteig 12
Weißweinsauce 25

Zum Thema Kochen sind bei Bassermann außerdem erschienen:
„Köstliche italienische Küche" (1/0110) • „Kalte Küche" (1/0117)
„Gut kochen – herzhaft genießen" (1/0122)
„Salate" (1/0126) • „Köstliche asiatische Küche" (1/0134)
„Das neue große Grundkochbuch" (1/0160)

Der Verlag dankt folgenden Firmen für die freundliche Unterstützung bei der Entstehung dieses Buches:
Bommerlunder/Dethleffsen, Flensburg; Bresso, GmbH, Kempten; BÜRGER GmbH, Ditzingen; Buitoni; Butaris Markenschutzverband e.V., Hamburg; con-tas Food PR, München; Deutsches Teigwaren-Institut, Bonn; 3 GLOCKEN, Weinheim; FIMA (Fischwirtschaftliches Marketing-Institut), Bremerhaven; Informationsbüro SOJA ÖL, Hamburg; Honig-Verband, Bremen; Peter Kölln, Köllnflockenwerke, Elmshorn; KNORR C.H. GmbH/Maizena, Heilbronn; Maggi Kochstudio; Milkana; Raguletto; Schweizerische Käseunion, Baldham; SKV NED. WORK GmbH, Düsseldorf; Tholstrup GmbH & Co. KG, Losheim; Zott KG, Mertingen

ISBN 3 8094 0175 7

Umschlaggestaltung: Andreas Jacobsen
Titelbild: TLC-Foto-Studio GmbH, Velen-Ramsdorf
Fotos: S. 131: Bommerlunder/Dethleffsen, Flensburg; S. 59: Bresso GmbH, Kempten; S. 34: BÜRGER GmbH, Ditzingen; S. 6, 7, 9, 33, 38, 40, 41, 46, 47, 51, 56, 57, 58, 74, 76, 102, 103, 105, 112, 125, 144, 145, 154: Buitoni; S. 79, 124, 132, 170: Butaris Markenschutzverband e.V., Hamburg; S. 89: con-tas Food PR, München; S. 1, 22, 23, 32, 49, 64, 68, 86, 104, 106, 133, 139, 149, 155, 187: Deutsches Teigwaren-Institut GmbH, Bonn; S. 60, 61, 69, 94, 109, 111, 158, 159: 3 GLOCKEN, Weinheim; S. 113: FIMA (Fischwirtschaftliches Marketing-Institut), Bremerhaven; S. 28, 93: Informationsbüro SOJA ÖL, Hamburg; S. 129: Honig-Verband, Bremen; S. 82, 177: Peter Kölln, Köllnflockenwerke, Elmshorn; S. 77, 85: KNORR C.H. GmbH/Maizena, Heilbronn; S. 78, 87, 110, 138: Maggi Kochstudio; S. 50: Milkana; S. 88: Raguletto; S. 39, 65, 107: Schweizerische Käseunion, Baldham; S. 128, 130: SKV NED. WORK GmbH, Düsseldorf; S. 29: Tholstrup GmbH & Co. KG, Losheim; S. 44, 45, 81, 84, 95: Zott KG, Mertingen; alle anderen Fotos: Archiv
Redaktion: Dr. Reitter & Partner, D-85591 Vaterstetten
Herstellung: Dr. Reitter & Partner, D-85591 Vaterstetten

Satz: Dr. Reitter & Partner, D-85591 Vaterstetten
Gesamtkonzeption: Bassermann'sche Verlagsbuchhandlung, D-65527 Niedernhausen/Ts.

817 2635 4453 62